Georg Ernst Waldau

Nachricht von Hieron - Emsers Leben und Schriften

Beitrag zur Reformations- und Litterargeschichte

Georg Ernst Waldau

Nachricht von Hieron - Emsers Leben und Schriften
Beitrag zur Reformations- und Litterargeschichte

ISBN/EAN: 9783743445956

Hergestellt in Europa, USA, Kanada, Australien, Japan

Cover: Foto ©ninafisch / pixelio.de

Manufactured and distributed by brebook publishing software (www.brebook.com)

Georg Ernst Waldau

Nachricht von Hieron - Emsers Leben und Schriften

Nachricht

von

Hieron. Emsers

Leben und Schriften.

Beytrag

zur Reformations- und Litterargeschichte

von

Georg Ernst Waldau

älterem Hospitalprediger zu Nürnberg.

Anspach,

in des Commercien-Commissair, Benedict Friederich Haueisens privil. Hofbuchhandlung, 1783.

Vorbericht.

Durch Lieferung dieses Werkchens erfülle ich das Versprechen, welches ich in der Vorrede zu den Nachrichten von Thomas Murners Leben und Schriften, Nürnberg 1775. 8. gethan habe. Das Verzeichniß der Emserischen Schriften wünschte ich so vollständig, als mir möglich wäre, zu machen, und wollte die rüstigen litterarischen Schriftsteller, die oft kaum die Titeln genau anführen, nicht nachahmen. Daher jener Verzug von acht Jahren, wobey das kleine Häuflein der Kenner und Liebhaber der Reformations- und Gelehrtengeschichte nichts verlohren hat – vielleicht aber auch mit dem ganzen Produkt nicht viel gewinnt.

Indessen mag meiner Aufmerksamkeit etwan doch eine oder die andere Schrift meines Helden sich entzogen haben; es soll mir daher jede gegründete Anzeige davon willkommen und dankens-

Vorbericht.

werth seyn. Herr Justizrath und Professor Häberlin zu Helmstädt erzählt im Vorberichte zu seiner 1742 in Göttingen vertheibigten sehr gründlichen Dissertation de vita, itineribus et scriptis Fr. *Felicis Fabri*, Monachi praedicatorii Conventus Vlmani, ad illustrandam historiam patriam, daß er ein Gelehrtes Ulm verfertiget und damals den ersten Theil desselben an den Buchhändler Bartholomäi in Ulm, mit dem er deßwegen schon übereingekommen war, abgeschickt, aber auch wieder zurück erhalten habe. In diesem Werke würde auch Emser seinen Platz gefunden haben. Ob aber dasselbe nachher anderswo verlegt worden, oder ungedruckt geblieben ist, habe ich nicht erfahren können. Ich vermuthe das letztere; wenigstens finde ich diese Schrift im Hambergischen Gelehrten Deutschland der Meuselischen Ausgabe von 1776 nicht angezeigt. Wirklich ein Verlust für die Litteratoren!

Meiner gegenwärtigen Abhandlung wünsche ich gütige Aufnahme und Beurtheilung.

Nürnberg,
den 25. Aug. 1783.

G. E. W.

Hieronymus Emsers
Leben und Schriften.

Wenige Theologen der Römischen Kirche haben sich der entstehenden Reformation mit so heftigem und rastlosem Eifer widersetzt, als Hieronymus Emser, von dessen Leben und Schriften hier eine kurze Nachricht geliefert werden soll, welche vielleicht nicht ganz unangenehm seyn wird, da man bey uns von dem Leben und den Schriften der Gegner Luthers insgemein wenig weiß. Um sich von einem andern Hieronymus Emser, der, so wie er, zu Ulm gebohren, und vielleicht ein Bruder oder Anverwandter von ihm war, und sich A. 1509 zu Leipzig als Student inscribirte, zu unterscheiden, nennet sich unser Held öfters in seinen Schriften Hieronymus Emser, den eldern. Seine vornehmsten Lebensumstände erzählt er mit ziemlicher Aufrichtigkeit, und ohne seine Fehler zu verbergen, in einer seltenen Schrift, die er unter dem Titel: A venatione Luteriana Aegocerotis assertio, 1519 in 4. herausgab, und darinn er sich wider Luthern vertheidigte; wovon unten mehr vorkommen wird.

Zu Ulm, wie erwähnt, kam er 1477 am 26. März zur Welt, und zwar aus einem adelichen Geschlecht, welches sowohl oben auf dem Helm, als unten im Schild, das Vordertheil eines Bocks in Wappen führete. Man findet daßelbe auf dem Titel verschiedener Emserischer Schriften; und es gab Luthern und andern, auch Emsern selbst, *) Gelegenheit, nach der Sitte der damahligen Zeit, mit dem Worte Bock zu spielen.

In seiner Jugend besuchte Emser die Schule zu Tübingen, wo er von Dionysius Reuchlin, einem

*) Er fügte seinem Wappen, welches zum erstenmahl vor der kleinen Schrift: de disputatione Lipsiensi, quatenus ad Boemos obiter deflexa est, epistola. Lipf. 1519, 4. erscheinet, folgendes Distichon bei:
   Noster hic Aegoceron sine foeno: peccat in uno,
      Quod non est Lucae linea ducta manu.

Als Luther in seiner Antwort darüber gespottet, setzte Emser zu seinem Wappen, das sich vor seiner Vertheidigungsschrift wider jenen befindet, folgende zwo Zeilen:
   Noster hic Aegoceron, sine culpa, non sine foeno
      Ludit venantis retia, tela, canes.

nem Bruder des berühmten Johann Reuchlin oder Capnio, die Anfangsgründe der griechischen Sprache erlernte. In der lateinischen Sprache und Dichtkunst brachte er es nach Erasmus Zeugniß sehr weit; *) seine deutschen Verse hingegen sind schlechter, als andere seiner Zeitgenossen.

Ohngefähr im 20sten Jahre seines Lebens wandte er sich nach Basel, wo er sich der Rechtsgelehrsamkeit wiedmete, und vorzüglich das bürgerliche Recht erklären hörete; doch mag er sich auch auf die theologischen Wissenschaften gelegt haben, weil er 1499 daselbst die hebräische Sprache zu studieren anfieng. In dieser Stadt errichtete er vertraute Freundschaft mit seinem Landsmanne, dem nachmahl so berühmten Dichter Heinrich Bebeln, gerieth aber auch seinetwegen in grosse Verdrießlichkeiten. Die Schweizer waren nämlich damahls Feinde vom Kaiser und Reich; da nun einer von Emsers Commilitonen im Collegio schlief, schrieb ihm Emser einige Verse, die eigentlich Bebel gemacht hatte, in ein Buch, welche man als beleidigend für die Schweizer ansahe. Hieraus entstanden heftige Unruhen und Verbitterung; und es fehlte nicht viel, daß Emser wäre gefangen gesetzt worden. Christoph von Uten-

---

*) In des Erasmus Briefen steht ein vortrefliches Gedicht, welches Emser auf dessen Militem christianum verfertiget hat.

Utenheim aber, welcher nachmals das Bißthum zu Basel erhalten hat, nahm ihn in Schutz und behielt ihn so lange bei sich, biß die Schweizer mit dem Kaiser Maximilian wieder ausgesöhnet waren.

Um das Jahr 1500 ward Emser Secretär und Kapellan bei dem bekannten Cardinal Raymund von Gurk, mit welchem er zwei Jahre lang verschiedene Reisen durch Deutschland und Italien machte, und bei dieser Gelegenheit zwanzig bischöfliche und fünf erzbischöfliche Stifte und Kirchen durchwanderte. Hernach hielt er sich einige Zeit zu Straßburg auf, wo er 1504 des berühmten Johann Picus, Grafen von Mirandula, Schriften zum Druck befördern half, und eine Vorrede dazu verfertigte, in welcher er denselben die herrlichsten Lobsprüche ertheilte. *) Von da aus gieng er nach Erfurt, wo er Magister wurde, und die Humanioren zu lehren anfieng. Seinem Vorgeben nach soll allhier Luther sein Zuhörer gewesen seyn, als er Sergium, **) eine Komödie des Johann Reuchlins, erklärte. Vermuthlich empfahl ihn der Cardinal Raimund, als er sich 1503 in den Sächsischen Landen aufhielt, dem Herzog Georg: denn 1504 kam Emser nach Leip-

---

*) Siehe *Freytagii* Apparat. litter. Tom. I. p. 676.

**) Oder Capitis Caput. Von dieser Reuchlinischen Komödie ertheilt *Maius* in vita Io. Reuchlini S. 25. u. 192. Nachricht.

Leipzig, wurde unter dem Rectorat Stephan Gerts oder Gerhards von Königsberg als akademischer Bürger eingeschrieben, und unterwieß auch hier junge Leute in den Humanioren. Seine Hauptsache aber war das kanonische Recht. Denn, ob er wohl auf Kosten Herzogs Georg 1505 Baccalaureus der Theologie geworden war; so verließ er doch dies Studium, und wählte die Rechtsgelehrsamkeit. Seine eigenen Worte sagen uns dies: Tractandae theologiae mos, qui tunc erat, adeo mihi molestus fuit, ut ad Iuris studium me diverterem. Cum autem privatim tantum vivere, nec in foro versari, nec in cathedra lectitare, meus mihi persuasisset animus: eatenus in Canonibus progressus sum, quatenus mihi necessarium putavi. Als ihm diese Wissenschaft nicht mehr gefiel, wiedmete er sich von neuem mit besonderm Fleiß dem kanonischen Rechte. Nach der Zeit wurde er auch Licentiat desselben. Wann das eigentlich geschehen, läßt sich nicht bestimmen; so viel ist aber richtig, daß er 1514 diese Würde schon hatte. Gottfr. Arnold in seiner Kirchen- und Ketzerhistorie p. m. 531. J. C. Funke in der Reformationshistorie S. 81. Seckendorf in der Historie des Lutherthums S. 221 und mit ihm ganz neuerlich Hr. Roos im Auszuge dieses Buchs S. 78. geben ihn für einen Professor zu Leipzig aus: allein ihre Behauptung ist

schlech-

schlechterdings unerweißlich. Herzog Georg rufte Emsern gegen Ende des 1504ten Jahrs nach Dresden; und er bekleidete etliche Jahre die Stelle eines Sekretärs und Orators bei diesem Fürsten. Bald darauf reisete er in Gesellschaft D. Joh. Henings, Dechands zu Meißen, mit Empfehlungsschreiben des Herzogs in verschiedene niedersächsische Klöster, um in den Archiven derselben alle alte Denkmahle aufzusuchen, welche die von dem Herzog so sehr gewünschte Canonisation des heiligen Benno bewirken könnten, nachdem das von Emsern 1505, und von Joh. Tritheim 1506 edirte Leben dieses ehemahligen Bischofs zu Meißen den heiligen Vater nicht dazu bewegen konnten. Nach einiger Zeit ward Emser in Angelegenheiten seines Fürsten nach Böhmen, und 1510 nach Rom geschickt, um die Heiligsprechung Benno's bei dem Pabste zu befördern. In dieser Stadt genoß er viele Achtung und Freundschaft von Johann von Schleinitz, nachherigem Bischof zu Meißen, der ihm unter andern die Alterthümer und Seltenheiten, welche Rom in sich schloß, zeigte und erklärte. Diesen Umstand führet C. S. Senf in der Kirchen- und Reformationsgeschichte des Amts Stolpen S. 69. f. an, und setzet die Anmerkung hinzu: „Das wußte Emser auch dem Bi-
„schof nach der Zeit großen Dank. Denn da die
„Religionsstreitigkeiten im Lande sich erhuben, und
„Luther

„ Luther wider die päbſtlichen Greuel eiferte, that
„ ihm Emſer mit der Feder gar beſondere Dienſte,
„ wiewohl er Luthern wenig damit ſchadete. „ Nachher erhielt Emſer ein paar Präbenden, von denen er
bequem leben konnte, eine zu Meißen, die andre
zu Dresden. Vom Jahre 1518 an nannte er ſich
Presbyter. Nicht lange nach ſeiner Zurückkunft aus
Rom fiel er in eine ſchwere Krankheit, und ſchrieb
die Geneſung von derſelben dem heil. Benno zu,
von dem er dieſelbe erflehet zu haben glaubte. Ich
ſchließe das aus den dreien Diſtichen, die er dem
1512 von ihm herausgegebenen Leben dieſes Heiligen
vorgeſetzet hat:

Hieronymus Emſer.
Dive Pater Benno, pro vita ſuſcipe vitam,
  Hoc hoſtimento nil mihi maius erit.
Tu mihi mortalem precibus producere vitam
  Viſus: ubi medica deſtituebar ope.
Immortale Tibi nomen vitamque repono:
  Nam vives ſcriptis notior inde meis.

Während dieſer Zeit war Emſer noch ein Freund
Luthers; wie er denn denſelben, als er A. 1515 am
Jakobitag auf Befehl des Herzogs Georg zu Dresden predigte, herrlich bewirthet hat. Luther
berichtet davon in einem an Georg Spalatin 1518
b. 14. Jenner geſchriebenen Briefe folgendes: Quod
me in Dresden aliquot aſſerant revictum in con-
                                           vivio

vivio, non mireris: dixerunt et alia iam diu, quaecunque etiam libuerat. Fui sane a *Hieronymo Emser* una cum *Ioanne Lango* et Priore Dresdensi nostro pene coactus magis quam invitatus ad serotinam compotatiunculam. Hic ubi inter amicos me esse arbitrabar, mox intellexi, inter medias me insidias coniectum. Hierauf erzählt er, daß er mit einigen anwesenden Dominikanermönchen über die Thomistische Theologie heftigen Streit gehabt habe, und setzet hinzu: Sed *Hieronymus Emser* tum enixe sese excusavit: idem et Lipsiae novissime me accedens iuravit, nullas insidias sese contra me machinatum: ego, sicut et hodie, contemsisse me dixi tam nihili furores. S. *Lutheri Epistolarum* Tom. I. edit. Ienens. p. 45.

Dies geschahe 1517, vier Monathe vorher, ehe Luther seine Sätze wider Tetzels Ablaßkrämerei anschlug. Auch selbst im Anfange dieses Streits war Emser ganz stille, indem er ohne Zweifel einsah, daß Luther sich nicht ohne Grund Tetzeln widersetzte. Und auch Luther hatte noch 1519, ehe die bekannte Leipziger Disputation gehalten wurde, eine gute Meinung von ihm. Er schreibt in einem Donnerstags nach Jubica verfertigten Brief an Georg Spalatin: Scis, quod *Emser noster*, etiam dum recta format, errat; welche Worte ich freilich nicht ganz verstehe. Dieser Freundschaft aber machte die
zwischen

zwischen Johann Eck, Andreas Carlstadt, Luthern und Melanchthon am 27sten Junii 1519 angefangene Disputation zu Leipzig ein Ende. Ausser den Leipziger Professoren, Hieronymus Dungersheim, sonst Ochsenfahrt genannt, Herman Rab und Augustin Aleveldt, welchen Luther insgemein den Leipziger Romanisten nannte, war auch Emser zugegen. „Am Sonnabend nach Corporis „Christi kam Bock Emser, lieber Domine, von „wannen kommt ihr her, Man sollt Euch heisen „Parcite, wer der fromm Emser wer. Derselbig „Bock Emser kam zu mir und zu andern jungen Magistris mehr, und bat uns von wegen des Rectoris und der Universität, daß wir auf den Sonntag wollten stehen bey dem D. Ecken, und mit ihm auf das Schloß gehen ꝛc. *) Luther hielt bei dieser Gelegenheit mit Emsern eine besondere Unterredung, wobei er unter andern sagte: „Das „Spiel ist nicht in Gottes Namen angefangen, es „wird auch nicht in Gottes Namen ausgehen;„ welche Worte ihm hernach Emser sehr empfindlich vorrückte in der Schrift: An den Stier zu Wittenberg, 1521.

Nach

*) So schreibt Seb. Fröschel in der merkwürdigen Vorrede zu seinem Buch von dem Königreich Jesu Christi, Witt. 1566, 4.

Nach dem Ende dieser Disputation, welche für Ecken den Ausgang nicht hatte, den er sich versprach, und Luthern unter den gelehrtesten Zuhörern viele Freunde verschafte — selbst der Schreiber, dessen sich Eck dabei bedienet hatte, Johann Poliander, trat nachmahls zur evangelischen Kirche — nahm Emser öffentlich Eckens Parthie, und machte den Anfang seiner Feldzüge wider Luthern mit einem Briefe, den er noch 1519 an D. Joh. Zacken, der Kirchen zu Prag Administratorn und Probsten zu Leutmeriz, gedruckt abgehen ließ, *) worinn er den Böhmen zu verstehen gab, daß sie sich ja nicht einbilden sollten, als ob Luther auf ihrer Seite wäre; ob man es gleich bei dem Gespräch selbst Luthern zum größten Verbrechen machte, daß er Hußens Lehrsätze wieder hervorbrächte, und Herzog Georg, als Luther gegen Ecken behauptete: Non omnes articuli Hussitici sunt haeretici, voll Grimms ausrief: „Das walt die Sucht!„ **) Zwar wollte
Emser

*) Cochläus weiß diesen Brief nicht genug zu erheben in Actis et scriptis Mart. Lutheri, p. 18. und in der deutschen Uebersetzung S. 40. f. Verdeutscht findet man diesen Brief auch in Luthers Werken der Walchischen Ausgabe, Th. 18. S. 1478—1489.

**) Luther schreibt daher in der Antwort an den Bock Emser: „O der neuen Wunder und Selten„heiten! Ich, der ich von dem tollen Eck als ein „Böhme

Emser in erwähntem Briefe den Schein haben, als
ob er Luthern zugleich lobte; er that es aber mit
sichtbarem Kaltsinn und falschen Absichten. Luther
beantwortete diesen Brief in einer eigenen Schrift,
und gedachte desselben auch gegen seine Freunde. Z.
E. an Georg Spalatin schrieb er 1519 am Tag
vor Gallus: *Emserum* ferunt moliri Iliada in me:
et iactaſſe ſe, quam ſuperbum monachum illum
velit tractare: expecto avidiſſime hunc Momium
partum. Curabimus, ne aliquid ultra edatur apud
nos huiusmodi vanitatum. Und an den Augustiner
Joh. Lang schrieb er die Galli: *Emserus* pro Ae-
gocerote parturit (ut dicitur) elephantem. et ne-
ſcio, quantas tigrides, obſtetricantibus Lipſenſium
Muſis amuſiſſimis. Ita res fervet, et furit Satan
adverſus verbum Dei, et nihil proficiet. Hierdurch
ward Emsers Erbitterung wider Luthern noch
größer, und stieg endlich aufs höchste, als derselbe
im folgenden 1520sten Jahr am 10ten December nebst
der Bulle des Pabsts Leo X. und den Dekretalien,
auch Emsers Schriften vor dem Thor zu Wittenberg verbrannte. Es waren hauptsächlich drei
Stücke, über welche er mit Luthern stritte,
nemlich das Meßopfer, die Kanonisation des Bischofs.

„ Böhme ausschrieen wurde, werde von dem viel feind-
„ seeligern Emser, als viele Ecke gegen nicht seyn mög-
„ ten, ein Böhme zu seyn geleugnet. „

schofs **Benno**, und die Uebersetzung des neuen Testamentes. Andere Lehren wurden nur im Vorbeigehen berührt; wie ich unten bei Anführung der Emserischen Schriften bemerken werde.

Warum **Emser** seine Schriften *) wider Luthern meist zu **Leipzig** drucken lassen, da er sich doch entweder zu **Meißen** oder zu **Dresden** aufhielt, davon hat **Hieronymus Walther**, **, ein gebohrner

---

*) Von denselben sagt er in der 1521 gedruckten Bedingung auff Luters orsten widerspruch A iij: „Dem gemeynen einfeltigen volck zu warnung vnd „vnderricht schreib ich nu zu lateyn vnd teutsch len„ger den zwey gantze jar, auf mein eygen cost vnd „arbeyt, vnd wil schreyben dieweil mir got gnad „vnd lebtag dartzu verleihen wird."

) Von diesem unbekannten Mann will ich eine Nachricht anführen, die ich in des seel. **Rapps Programm: Historiae disputationis Lipf. 1519 Supplementum, p. 7. gefunden habe: Dux Saxoniae, Georgius a. 1531 academiae Lipsiensi mandavit, vt copiam disputationis Lipsiensis per notarium et testes auscultatae D. Eckio transmitteret. Suscepit hanc operam *Franc. Richter*, t. t. Vniuersitatis Lipf. Notarius publicus, disputationem totam transscripsit, et *Hieronymo Walthero*, cui haec res a Principe demandata fuerat, tradidit, a Io. Eckio ex voluntate Ducis reddendam, sed nunquam restitutam. Hic *Hieronymus Waltherus* magna Ducis Georgii gratia floruit, at Evangelicis invisus

ner Nürnberger und giftiger Feind Luthers, folgende Ursache angegeben: „Weil alle Schrift zu Leip-
„ zig außgegangen, groß Ansehen hat, und treflich
„ ding außrichtet, auch bey allen Ketzern beyde zu
„ Wittenberg und in Böhmen, wie des Hieron.
„ Emsers und D. Ochsenfahrts Bücher wohl be-
„ weisen.„ *) Der Landesherr, Herzog Georg, hielt auch öfters zu Leipzig Hoflager, wo Emser meist seinen Aufenthalt bey ihm hatte, und seine Schriften allhier drucken ließ.

Uebrigens hatte Emser an allen Feinden Luthers in Sachsen, wie leicht zu erachten, große Freunde; er stund aber auch bei auswärtigen und Luthern nicht ganz abgeneigten Gelehrten, z. B. bei Erasmo von Rotterdam und bei dem berühmten Wilibald Pirkheimer in gutem Ansehen. Jenen lud er nach Leipzig ein, und wollte ihm dazu von Herzog Georg ein ansehnliches Reisegeld verschaf-

invisus fuit, a *Petro Gengenbachio* Iudas proditor vocatus. Vid. Spicilegium nostrum Documentor. Reformat. P. IV. p. 592. Einige Briefe, die er an den Nürnberg. Rathsherrn Wilh. Pirkheimer, und an den Rathsschreiber Laz. Spengler geschrieben hat, finden sich in des seel. Riederers Nachrichten. B. I. S. 10. u. f. Auch S. 337. wird seiner noch einmal gedacht.

*) S. Luthers Werke Th. 4.

B

schaffen, wechselte auch mit ihm wegen Luthers Schriften und wegen eines Gelehrten, der nach des Petrus Mosellanus Tod Professor der griechischen Sprache zu Leipzig werden sollte, verschiedene Briefe. *) Pirkheimern nennet Cochläus einen alten Freund Emsers. **) Die Schwester desselben, Charitas Pirkheimerin, diese gelehrte und in den von Jugend auf eingesogenen Religionsirrthümern sehr standhafte Aebtissinn zu St. Claren in Nürnberg, schrieb 1522 an Emsern einen Brief, in welchem sie ihr ganzes Herz ausschüttete, und klagte, daß die ganze Stadt Nürnberg mit Ketzereyen angesteckt sey; auch zugleich Emsers Schriften und seine beredte Vertheidigung der katholischen Lehre ausserordentlich lobte. Sie hatte wohl nicht vermuthet, daß der Brief öffentlich bekannt gemacht und ihr dadurch nicht geringer Verdruß verursachet werden würde. Allem Ansehen nach hat Emser mit demselben geprahlet, und ihn unvorsichtiger Weise mehrern zu lesen und abzuschreiben gegeben; dadurch es denn geschehen, daß er in eines Unkatholischen Hände gerathen, der ihn sogleich mit sehr beissenden Anmerkungen drucken ließ, unter dem Titel: Ein Missive oder Sendbrief, so die Ebtissin von Nürnberg an den Hochberühmten Bock Emser

---

*) S. *Erasmi Rot.* Operum Tom. III. p. 1590. f.
**) S. *Heumanni* docum. litter. p. 56.

ser geschrieben hat, fast künstlich vnd geystlich, auch gut Nünnisch gerichtet. M. D. XXiij. 4. Wittenberg; und in eben diesem Jahr und Format, aber ohne Anzeige des Druckorts. Der seel. D. Riederer hat im ersten Band seiner Nachrichten zur Kirchen-geschichte S. 195-202 diesen Brief ganz eingerückt. — Vielleicht hat die gute Aebtissinn, da sie ihren Brief gedruckt und mit solchen Anmerkungen entweyhet, zu sehen bekam, Emsern ein klägliches oder ein Verweißschreiben wegen seiner unvorsichtigen Bekanntmachung zugeschickt — vielleicht hat sich Emser seines Vergehens wegen selbst geschämet. Genug, er edirte bald darauf, doch ohne Meldung der Zeit: Emsers Entschuldigung von wegen der Ehrwürdigen Domina der Aebtissinn zu Nürnberg. Leipzig bey Wolfg. Stöckel, 4. Dem vortreflichen Bruder der Aebtissinn hat weder diese, noch eine andere ihm in einem vertrauten Schreiben zugeschickte Entschuldigung ein Genüge gethan; er fertigte deßwegen an Emsern ein ziemlich ernsthaftes lateinisches Schreiben ab, welches in den angeführten Riedererischen Nachrichten S. 206-209 zu finden und wegen verschiedener eingestreueter Anekdoten mit Vergnügen zu lesen ist. Aus dem Tone, in welchem Pirkheimer redet, kan man schliessen, daß er mit Emsern nicht zufrieden gewesen, und von der, ehemals auch durch die Dedication von Luciani Rhetore, a Bil. Pirkheymero in latinum verso, Hagen. 1520, 4. gegen ihn bezeugten Hochachtung vieles habe fallen laſſen. Und vielleicht hat Emſer auch D. Ecken in der bekannten Bannſache Vorſchub gethan, wenn er erfahren, daß Pirkheymer Verfaſſer des Eccii dedolati ſey, darin des Emſeriſchen Wappens auf eine ſpöttiſche Weiſe gedacht wird. *)

Auf Emſers Anſtiften wurde der bißherige Hofprediger des Herzogs Georg, Alexius Crosner 1527 ſeiner Dienſte entlaſſen, und aus Dresden fortgeſchaft. Als derſelbe mit ſeinem Gepäcke Emſern be-

---

*) Bei dieſer Gelegenheit iſt eine Verwirrung zu bemerken, die in dem fehlervollen Jöcherſchen allg. Gelehrtenlexikon vorkommt, da S. 342 unter dem Artickel Emſer die gemeldete Schrift deſſelbigen ſo angeführt wird: „Entſchuldigung von wegen der „ehrwürdigen Domina, der Aebtiſſin Argula „von Grumbach zu Nürnberg; gleichwie unter dem Artickel Grumbach gleichfalls von dieſer Zeuginn der Wahrheit falſch vorgegeben wird, ſie ſey Aebtiſſinn zu Bildenreuth bey Nürnberg geweſen. Das Kloſter Pillenreuth hat nie Aebtiſſinnen ſondern Pröbſtinnen, und das Katharinenkloſter in Nürnberg ſo wohl als das unter Nürnberg ſtehende Kloſter Engelthal Priorinnen gehabt. Eine Aebtiſſinn zu Nürnberg kann alſo nirgend anders, als im Klarenkloſter gedacht werden.

begegnete, sprach dieser auf öffentlicher Straße zu ihm: "So erlebe ich doch noch diesen Tag mit Freuden, an welchem die ketzerischen Predigten einmahl ein Ende haben; ziehet hin ins Teufels Namen, ich bleib hier." Crosner antwortete ihm voll Sanftmuth: "Ey, ey, lieber Herr Emser, in Gottes Namen ist auch ein Wort; ich bin ehe im Lande zu Meißen gewesen, als ihr, und will auch, ob Gott will, noch länger darinnen seyn und bleiben, als ihr, ob ich gleich itzund fort muß." Emser starb wirklich noch diesem 1527sten Jahre ganz unvermuthet, am 8ten November zu Dresden; wie es Cochläus an Pirkheymern in einem Briefe berichtet. *) Wenn man die Vorrede Herzog Georgs zu dem 1529 edirten Emserischen Neuen Testament lieset, da Emsers als eines noch lebenden gedacht wird, und bemerket, daß diese Vorrede mit dem Jahr 1528 unterschrieben ist; so mögte man einigermaßen in Ansehung der Zeit seines Todes irre werden. Allein, diese Vorrede stehet auch schon bei der Ausgabe vom Jahr 1527; und man hat in der

---

*) Obiit *Hieronymus Emser*, si forte nondum audivisti. VII. die Novembris, Dresdae suffocatus, ut mihi scriptum est, fluxu pectorali, quum tertio ante obitum die sacrificium missae peregisset. Der Brief, welcher dieser Nachricht enthält, ist 1527 geschrieben. Vid. *Heumanni docum.* litter. p. 56.

zwoten Ausgabe nur die Jahrzahl geändert. Erasmus beklagt in einem an Herzog Georg d. 16ten Jäner 1528 geschriebenen Brief den frühen Tod Emsers (f. Erasmi Opp. T. III. p. 1058.) Emsers Leichnam ward auf dem Frauenkirchhof zu Dresden begraben. Hieron. Walther, von dem ich oben geredet habe, ließ ihm ein steinernes Monument setzen, welches Emsern vorstellt, wie er vor dem mit gebundenen Händen an einer Säule stehenden Heiland, der die Dornenkrone auf dem Haupt hat, und eine Geisel und das Rohr unter den Armen hält, knieet. Neben Emsern siehet man sein Wappen; und zwischen dem Heiland und dem knieenden Emser ist eine Tafel, auf welcher stehet:

Iniquos odio habui, Legem autem tuam dilexi: odivi ecclesiam malignancium, Et cum impiis non sedebo.

Ganz oben ist ein auf einem Berg liegendes Schloß, und darunter eine Stadt vorgestellet. Unten stehet folgendes:

Hieronymo Emfero, in tota artium Cyclopaedia praeclariff. Prespitero, sacro sancte Romane Ecclesiae fideique Catolice (graffante Lutheri pestilentissima haeresi) fideli, infracto, Hectoreoque propugnatori, Hieronymus Waltherus totus gemebundus Monumentum hoc consecravit. Porro extremum diem, Anno aetatis suae Quinqua-

quagefimo, in Chrifto Jefu claufit, Carolo quinto imperante, Pontifice Clemente feptimo, Rome capto, Denique longe omnium Chriftianiſſimo Duce Georgio, Saxoniam, Mifnam, Thuringiam (quantum ad fuum imperium attinet) Chriftianiſſime gubernante, Octavo Novembris, Anno a Chrifto nato M. D. XXVII.

Dies war nun der Mann, der sich Luthern, und andern Lehrern des Evangeliums, z. E. Nik. Hausmann, den zween Pröbften zu Nürnberg, Ulr. Zwingli'n und Andr. Carlſtadt, so heftig wider, ſetzte, wie das nun folgende kritiſche Verzeichniß ſeiner Schriften beweiſen wird. Gegen Luthern beſonders hatte er ſich ſo viele Ränke und heimtückiſche Kniffe erlaubt, daß man ihn ohne Mitleiden von demſelben recht empfindlich gezüchtigt ſiehet.

B 4   Emſers

Emsers Schriften,

die er selbst verfertigt oder herausgegeben hat.

1. Collectio reverendissimi patris et Domini domini Liberti episcopi Gericensis de Crucibus, ohne des Orts und Jahrs Anzeige, aber doch nach 1501, in Quart, 8. Blätter.

Emser hat diese Blätter herausgegeben, wie die auf den beiden Seiten des Titelblats von ihm befindlichen Verse beweisen. Von dem Verfasser, oder wo sein Bißthum anzutreffen, sagt er nicht das Mindeste. Die Begebenheit, welche diese Schrift veranlasset hat, ist aus *Wolfii* lectionibus memorabilibus T. I. p. 988. sq. und andern Schriften bekannt. Es fielen nämlich 1501 verschiedene Arten und Gestalten von Kreuzen und andern Leidensinstrumenten, wie man glaubte, vom Himmel, und wurden in den Kleidern und der Wäsche vieler Personen sichtbar. Köhler im 17ten Theil seiner *Münzbelustigungen* S. 151 f. gedenkt gleichfalls dieser Ereigniß, und schreibt sie billig einer gewissen Art eines kleinen fliegenden Gewürms und Ungeziefers zu. Struve im 2ten Tomo von *Freheri* scriptoribus rerum germanimanicarum legt S. 495. Trithemii, Naucleri und anderer Nachrichten von diesem vermeinten Wunderzeichen vor, und führet eine Stelle aus Jac. Gretsers de sancta cruce libr. III. cap. X. an, I worin dieser Emserischen Schrift gedacht, und der Ort des Drucks angezeigt wird. Gretser sagt nämlich davon: Extat de his proprius libellus septem aut octo pagellarum, *Norimbergae* tunc temporis editus cum hac inscriptione: *Collectio reverendissimi — — de crucibus*. Auctor in eo totus est, ut ostendat, tales apparitiones *augendae pietati* contingere, idque argumentum per quatuor documenta persequitur. Wer mehrere, hieher nicht gehörige, Nachrichten und Auszüge von dieser abergläubigen Schrift lesen will, der findet sie in des seel. Riederers Nachrichten zur Kirchen — — Geschichte, 1stem Band, S. 421-431, welcher auch aus Leichs Orig. et increm. typographiae Lipf. ein ähnliches zu Leipzig mit beigefügter Jahrzahl 1501 gedrucktes Buch: Quaestio de Crucibus, quae in variis Germaniae locis apparuerunt, 4. anführet, welches von gegenwärtigem verschieden ist.

2. Opera Ioannis Pici: Mirandule Comitis Concordie: litterarum principis: novissime accurate revisa - quarumcunque facultatum professoribus tam iucunda quam proficua. *Argentorati* 1504. fol.

Emser hat diese Opera aus einem codice Bononienſi caſtigatiſſimo et primae Mirandulanae manus Archetypo herausgegeben. Zu dieſer Handſchrift war ihm Thomas Wolf der jüngere behülflich; er ſelbſt hat dabei weiter nichts gethan, als daß er auf Bitte des Druckers Joh. Prüß ein Regiſter, oder generale ſuper omnibus memoratu dignis regeſtum beigefügt hat. Von dieſem vier Alphabete und 18 Bogen ſtarken Werke ſ. *Freytagii Apparat*. I. p. 676.

3. Dialogiſmus *Hieronymi Emſer* de origine propinandi, vulgo compotandi, et an ſit toleranda compotatio in republica bene inſtituta nec ne. *Lipſ.* 1505. 4.

Dieſer dritthalb Bogen füllenden Piece hat der berühmte Herm. Buſch ein Gedicht vorgeſetzt.

4. *Hieronymi Emſeri* Epitome ad ſanctiſſimum Dominum noſtrum Papam Iulium II. ſuper vita, miraculis et ſanctimonia divi Patris Bennonis Epiſc. quondam inſignis et ingenue eccleſie Miſnenſ. *Lipſ. per Melch. Lotterum*. MCCCCCV. 4. Ein und drei viertels Bogen.

Es ſind dies zwei hundert, die Geſchichte des alten Biſchofs zu Meißen, Benno, betreffende Verſe, welche ſo anfangen:

Maxi-

Maxime Pontificum, sanctissime Papa Iull,
  Qui geris ecclesie stemmata, sceptra, typum,
  Nec solum ecclesie, sed *tocius urbis et orbis*
  Es caput et princeps, instituente Deo.

Benno hatte im eilften Jahrhundert gelebt, zur Zeit des Kaisers Heinrich IV. und des Pabsts Gregor VII. oder Hildebrands. Sein größtes Verdienst, wegen dessen er nun nach fünf hundert Jahren unter die Zahl der Heiligen gesetzt werden sollte, war dieses, daß er ein eifriger Anhänger Gregors VII. gewesen, und an dessen heillosen Unternehmungen wider den Kaiser grossen Antheil genommen. Der Pabst hatte nämlich den Kaiser in den Bann gethan, und Benno folgte ihm nicht nur hierin nach, sondern belegte auch den Marggrafen zu Meißen, seinen Landesherrn, mit dem Bann. Dem Kaiser waren damahls, ausser dem Benno, noch alle Bischöfe und Fürsten in Deutschland und Frankreich treu geblieben.

Emser fingirt hier unter andern, Benno sey ihm im Schlaf erschienen, und habe ihm versichert, wenn Julius auf Petri Stuhl sitzen würde, so würde er in den Kalender der Heiligen eingetragen werden. (Es ist aber nicht eingetroffen: denn erst Pabst Hadrian VI. hat Benno'n seelig gesprochen; und das päbstliche Kanonisations-Dekret, vom 31 Maii unterzeichnet, ist auf dem Reichstag zu Nürnberg 1523 feyerlich bekannt gemacht worden.) Zu Meissen zeigte man sonst den Stab des heil. Benno, mit welchem er — vermuthlich bey niedrigem Wasser in trockner Witterung — durch die Elbe gegangen. Itzo hat man ihn überstrichen, vielleicht um zu verbergen, daß er nichts mehr und nichts weniger als ein Zaunprügel war. In Hrn. J. F. Ursinus Geschichte der Domkirche zu Meißen (Dresb. 1782. 4.) findet man verschiedenes von Benno, welches man als Nachlese zu Seyfarts Ossilegio Bennonis betrachten kann. Emser erzählt ferner in dieser Schrift, der Kardinal Raimund sey der Kanonisation wegen schon in Meissen gewesen, und habe dem Dienst Benno's mit beygewohnt, auch dessen Grab und bischöflichen Ornat betrachtet, ingleichen den Zusammenfluß der Leute gesehen, welche bey den Todtenknochen dieses Mannes Hülfe gesucht hätten.

5., Divi Bennonis Misnensis quondam Episcopi Vita. Miracula. et alia quaedam non tam Misnensibus quam Germanis omnibus decora. et immortalem paritura gloriam. Lipf. per Melch. Lotterum 1512. fol. 9 Bogen.

Auf dem Titelblat dieser in der Benno'schen Kanenisationsgeschichte klassischen und dem Herzog Georg zugeeigneten Schrift wird Tumba Bennonis vorgestellt

gestellt. Die Vorrede begreift allerhand Merkwürdigkeiten von Meißnischen Alterthümern in sich, de origine, situ, ceremoniis et cantu perpetuo Cathedralis ecclesiae ac civitatis Misn. &c. Benno's Leben, Wunder, ausserordentliche Gaben u. d. gl. werden in 32 Kapiteln vorgetragen, und am Ende die Ursachen angeführt, warum die Heiligsprechung desselben bißher noch nicht geschehen sey. Ihm und dem Pabst Gregor VII. legt Emser solche ausserordentliche Lobsprüche bey, denen kein treuer Unterthan seines Landesherrn Beyfall geben kann. Den Schluß macht ein Carmen in Apotheosin Bennonis, welches einerley mit demjenigen ist, das ich eben Num. 4 angeführt habe, nur daß der Anfang und der Schluß desselben weggeblieben, auch die Worte, daß Benno vom Pabst Julius würde kanonisirt werden, geändert worden sind. S. Bibl. Menken. p. 394.

Diese Ausgabe ist in *Surii* Vitis SS. in *Actis* SS. Antwerp. mense Iunii und in *Menkenii* Scriptor. rer. German. eingerückt.

6. Enchiridion Erasmi Roterodami Germani de milite Christiano. Lips. 1515. 4. 16 Bogen.

Emser ließ dieß Buch aufs neue auflegen, dedicirte es Ernsten von Schleinitz, Probst zu Meissen, auf dessen Schloß Hohenstein er sich damahls aufhielt, that aber nichts mehr als etliche Sinngedichte

dichte und Marginalien hinzu. Im folgenden Jahr ward diese Ausgabe noch einmahl zu Leipzig in 4. gedruckt. Zwei Jahre hernach schickte Emser wegen dieses Buchs durch Rich. Crocum, der Professor der griechischen Sprache zu Leipzig war, einen Brief an Erasmus, der in dessen Operibus Tom. III. p. 1592 abgedruckt ist.

7. Hieronymi Emseri Opuscula. Lipf. ap. Val. Schumann. 1517. 4. drei Bogen.

Diese Opuscula sind von keiner Erheblichkeit und enthalten verschiedene kleine Episteln zu Schulübungen. Im folgenden Jahr wurde dies Buch zu Krakau bei dem berühmten Joh. Haller in Quart nachgedruckt; und hat diese letztere Ausgabe vor der erstern wegen des schönen Papiers, und der reinlichen, auch einförmigen Lettern, einen besondern Vorzug, ist auch weit seltner, als dieselbe S. Janozki Nachrichten von den in der Zaluskischen Bibliothek sich befindenden raren polnischen Büchern, Th. IV. S. 170.

Eine zu Augsburg 1519. 4. gedruckte Ausgabe dieser Opusculorum führet *Gerdesius* in Florilegio libror. rarior. p. m. 114. an. Und die allererste soll zu Straßburg 1516. 4. herausgekommen seyn.

8.

8. Wider die Anfechtung des Todes. Leipz. 1517, 4. ist eigentlich ein lateinisches Gedicht des Mantuanus, welches Emser in deutsche Verse übersetzt hat, die von schlechtem Belang sind.

9. Das heilig leben vnd legend des seeligen Vaters Bennonis, weylandt Bischoffen zu Meyssen. Gemacht vnd in das tewzsch gebracht durch Jeronymum Emser. Leipz. 1517. 4. fünf Bogen.

Soll nach der Anzeige im Officilegio Bennonis, Monachii, (Lipsiae) 1765. S. 3. der Vorrede, die seltenste unter Emsers Schriften seyn. Er hat sie der Gemahlinn des Herzogs Georg, Frauen Barbara, gebohrnen Königlichen Prinzessin aus Polen, zugeeignet. Vieles, das er in den Num. 4. und 5. angezeigten lateinischen Ausgaben angeführet hatte, ist hier weggeblieben. Hingegen hat er diese deutsche Ausgabe „mit Anhengung etzlicher globwürdi-
„ ger vnd gewisser, alter vnd newer mirackel ver-
„ mehrt, die der seelig Vater durch seyn grossen ver-
„ dienst bey Got, wieder den gemeinen Louff der na-
„ tur, von der stund seynes todes, biß auf den heu-
„ tigen tag vnableßlich vnd wunderbarlich gewürket
„ von A. 1010 an biß auf 1517. dem gantzen landt
„ zu einer Geistlichen Frowd vnd Anbacht zu den
„ gemeldten seeligen vater, bey bem sie noch tägli-
„ che wohlthat vnd hilff suchen vnd finden 2c.

10.

10. Sadoleti rede — von dem Türkenzug vnd angestalten fryd, yn allen Christlichen landenn. Leypßgk 1518, 4.
- Der Uebersetzer ist Emser.
11. De disputatione Lipsiensi: quantum ad Boemos obiter deflexa est: Epistola Hieronymi Emser. Lipsiae, 4. 1 Bogen.

Dieser Brief, von welchem auffer dieser Ausgabe noch brey andere ohne Anzeige des Druckorts, nämlich eine von brey und einem halben, eine von brey und brey viertels, und eine von anderthalb Bogen vorhanden sind, wurde nach dem bekannten unseeligen Leipziger Gespräch gedruckt, und eröfnete die Feldzüge, die Emser nachher wider Luthern gethan hat. Emser ließ in demselbigen einige Nachrichten von den Verhandlungen bey jenem Gespräch einfliessen, welche seine grössere Partheylichkeit für Luthers Gegner, aber auch sonst weiter nichts zum Nachtheil Luthers, zu erkennen gaben. Der ganze Brief, der auch in Löschers Documenten T. III. S. 660 und in der Wittenberg. und Jenaischen Ausgabe der lateinischen Werke Luthers steht, schien zwar offenbar in der Absicht geschrieben, den böhmischen Schismatikern wehe zu thun, welche sich öffentlich rühmten, daß Luther ihre Grundsätze vertheidige, und während des Gesprächs, nach Emsers Bericht, öffentliche Gebete für ihn angestellt hatten. Gegen
diese

diese eiferte der Mann mit sehr unzeitiger Heftigkeit, die bey ihm nicht allzu natürlich aussah, da er sich den Schein des friedliebenden Theologen geben wollte; aber dieser Eifer selbst schien ihn allein zu Luthers Vertheidigung aufgefordert zu haben. Er gab sich eigentlich Mühe, diesen Ketzern den Wahn zu benehmen, daß Luther unter ihre Anzahl gehöre, indem er sogar einigen Aeußerungen, welche diesem unter dem Gespräch entwischt waren, eine solche Wendung gab, daß sie weder seine Gegner zu seinem Nachtheil, noch die böhmischen Schismatiker zu ihrem Vortheil benutzen konnten. Auch die übrigen, Luthern betreffenden Nachrichten und Anmerkungen, welche der Brief enthält, waren mit vieler Mäßigung und Feinheit geschrieben. Aber gerad diese Mäßigung und Feinheit schien Luthern am meisten zu reizen. Er schrieb Emsern die boshafte Absicht zu, daß er ihn durch seine Vertheidigung nur habe verhaßter machen und den Verdacht der böhmischen Ketzerei, deren Beschuldigung ihn zu Leipzig so sehr geschmerzt hatte, stärker gegen ihn habe erregen wollen. Daher war Emsers, am 24. August verfertigter Brief kaum nach Wittenberg gekommen, als Luther einen andern, im September schon aufgesetzten, an ihn selbst drucken ließ: Ad Aegocerotem Emseranum Martini Lutheri additio. Witteb. 1519, 4, welcher nachmahls öfters einzeln, sodann in Löschers

schers Reform. Akten Th. III. S. 668, und im 19ten Theil der Walchischen Ausgabe von Luthers Schriften S. 1489 deutsch herausgekommen ist. So kalte Verachtung, so beissenden Spott, ein so unverhohlnes Bewußtseyn seiner eigenen Vorzüge hatte Luther niemahls über seine verächtlichsten Gegner, über einen Sylvester und Hochstraten ausgegossen, als er in dieser Antwort strohmweise auf Emsern ausschüttete, *) der Himmel und Erde zu Zeugen anrief, daß er nicht die Absicht gehabt habe, zu beleidigen. In diesen Streit zwischen Luthern und Emsern mischte sich der zanksüchtige D. Eck, und vertheidigte den letztern in einem Briefe an den Bischof zu Meissen, unter folgendem Titel: Ioannis Eckii pro Hieronymo Emser contra male sanam Luteri venationem **) responsio, 4. In dem Schluß zeigt er an, daß er diese Schrift zu Ingolstadt am 28. Oktober 1520 vollendet habe. Und doch ist in Hardts Autograph. T. I. p. 89 das Jahr 1519 angeführt; auch Oekolampad in seiner Schrift: Cano-

---

*) S. die merkwürdigen Auszüge aus dieser Schrift Luthers in (Hrn. Prof. Planks zu Stuttgardt) Geschichte der Entstehung, -- unsers evangelischen Lehrbegrifs vom Anfang der Reformation 2c. S. 208. f.

**) In Saligs vollst. Hist. der A. C. Th. I. S. 230 heist es falsch: venerationem statt *venationem*.

Canonici indocti Lutherani ad gloriosissimum — magistrum Ioannem Eckium, Witeb. 1520, 4. nennet das 1519te Jahr als dasjenige, in welchem Eck Emsern wider Luthern in Schutz genommen habe. Dies Räthsel kann ich nicht auflösen —

12. Plutarchus. Wie ym eyner seinen veyndt nutz machen kam. Emser. In Quart, 2 Bogen.

Diese Uebersetzung ist am Mittwoch nach Nikolai 1520 dem Herrn von Wedebach, Landrentmeister und Hauptmann zu Leipzig zugeschrieben worden.

13. A venatione Aegocerotis assertio. Hier. Emser. 4. Fünf Bogen, ohne Anzeige des Jahrs und Druckorts.

Es war für Emsern unmöglich, sich bei Luthers empfindlichem Angrif blos leidend zu verhalten; aber doch zwang er sich in dieser, gegen Ende des Novembers 1519 verfaßten Antwort, welche er auf Luthers Brief herausgab, mitten in der Hitze des gereiztesten Unwillens, noch zu einer scheinbaren Mäßigung. Dies war aber wohl die größte Bosheit, daß er in dieser Schrift S. 16 zuerst den giftigen Verdacht äuserte, der seinen Namen so verhaßt unter uns machte, Luther habe den ganzen Lärm wegen des Ablasses blos aus einem Ordensneid gegen die Dominikaner angefangen. Incipiam, schreibt

schreibt er, divinare, puerum hunc (darunter versteht er Luthers Sätze wider Tetzeln) tam implacabilis in Romanum Pontificem odii tui, alium habuisse patrem: quod *nihil* scilicet *questi ex indulgentiis tibi aut tuis etiam accesserit, quod Tecellio ac suis potius, quam tuae farinae hominibus negotium datum sit.*

Der verstorbene Hofr. Lessing hat in seinen kleinen Schriften die in der Disputation des seel. F. W. Krafts de Luthero, contra indulgentiarum nundinationes haudquaquam per invidiam disputante, Goett. 1749, vorkommende Behauptung, als hätte keiner, auch der heftigsten Gegner Luthers vor dem Cochläus, ihn einer eigennützigen Ordenseifersucht öffentlich beschuldigt, dadurch widerlegt, daß er einen Brief des Alphonsus Valdesius aus der seltnen Briefsammlung des Pet. Martyr anführet, der gleichfalls den Ursprung dieses Streits dem Neid und Haß der Mönche zuschreibt. Hierwider kam heraus: Vertheidigung des seel. Luthers und der Reformationsgeschichte wider den Verfasser der Kleinigkeiten, Frkft. und Leipz. 1756, 8, deren ungenannter Auctor mit diesem Beweise bloß aus einem Briefe nicht zufrieden seyn will, und sich zu sehr an die Worte der Disputation hält: *In scriptis* acerrimorum hostium nihil eiusmodi reperiri. Die angeführten Worte Emsers fers beweisen hinlänglich, daß aufer und vor Cochläo auch schon Andere in öffentlich gedruckten Schriften Luthern diesen Vorwurf gemacht haben. Ja, ich kann noch eine Stelle beifügen aus dem Buch eines andern Feindes von Luthern, nämlich aus D. Joh. Fabri christenlichen vnderrichtung vber etliche Puncten der Visitation, Dresb. 1528, 4. welcher darin im zweiten Kapitel Bogen B. 4. Luthern so anredet: "lieber Luther, du hast nu dein ketzerey „geführt zwelf jar, dann im sechtzehenden (soll „heissen: siebzehnten) jar hast du deine schlußre"den, als du mit zu Commissari in der Indulgenz „angenohmen warest, ausgehen lassen. s. Hrn. Past. Strobels Chursächs. Visitat. Artikel ꝛc. mit einer histor. Einleitung. S. 46. ff. Daß also Luther mehr als einmahl von seinen Gegnern beschuldiget worden, als habe er das ganze Werk der Reformation bloß aus eigennütziger Ordenseifersucht angefangen, ist unläugbar: Aber, ob es mit Grund geschehen, ist eine andere Frage. Die ganze Beschuldigung, welche sich auf die Voraussetzung gründete, daß der Augustinerorden zuerst den Auftrag erhalten hätte, den Ablaßhandel zu treiben, und durch die Dominikaner darum gebracht worden sey, fällt ohnehin weg, da es, selbst von Pallavicini *) unwi-

---

*) s. dessen Histor. del Concil. di Trid. L. I. C. III. p. 56.

verſprechlich bewieſen iſt, daß durch die päbſtliche Bulle der Auftrag zuerſt den Franciſkanern ertheilt war, die ihn nicht nur freywillig den Dominikanern überließen, ſondern ſich ſelbſt eifrigſt bemühten, ihn von ſich abzuwälzen. S. *Myconii Geſchichte der Reformation* S. 16.

Indeſſen könnte ſelbſt dieſe Beſchuldigung, womit Emſer Luthern anzuſchwärzen ſuchte, noch verzeihlicher Ausbruch eines grauſam erbitterten Unwillens ſcheinen, wenn er nicht den boshaften Verdacht durch eine noch boshaftere Lüge unterſtützt hätte. Er führt nämlich an, daß ihm Luther ſelbſt zu Leipzig bekannt habe, *cauſam hanc neque propter Deum eſſe coeptam, neque propter Deum finiri oportere:* Und dies hatte Luther wirklich geſagt; aber nicht von ſeinen Unternehmungen gegen den Ablaßunfug, ſondern von dem Leipziger Geſpräch.

Auſerdem kommen noch in Emſers Schrift verſchiedene Stellen vor, wo er als ein Zeuge der Wahrheit betrachtet werden kann. Z. E. von dem Decret des Gratianus legt er das merkwürdige Bekenntniß ab: *Gratianum, decretorum collectorem, virum ſanctae memoriae et de republica chriſtiana optime meritum fuiſſe, aſſero. Ea, quae tractavit, diſtincte, apte, copioſe et vtiliter tractaviſſe. Non quod omnia ibidem poſita, conſtitutionis aut*

aut iuris inſtar ſint habenda: ſed quia tunc rara erant originalia: ubi in materiam aliquam incidit: omnium, quos habere potuit, auƐtorum, ſententias pro utilitate publica conſarcinavit: ipſe de ſuo parum admodum addens aut definiens. Itaque cum nec hodie cuiuſque ſit, adire Corinthum, et tot pretioſa comparare volumina, habent pauperes ecclefiaſtici, tanquam ſilvam, qua et ſe et plebem paſcant et erudiant.

S. 27. Saluberrimum Chriſtianis documentum datur,' ne, *dum modernos etiam pontifices opera Chriſto contraria facere animadvertunt*, obedientiae propterea iugum excutiant.

S. 34: Non ſolum ſecularium principum aulae ſuas patiuntur harpyias, capniopolas, eruſcatores ac harpagatores: ſed nec ullus reperitur fratrum aut monachorum conventus vel minimus, in quo non leopardi habitent cum agnis, lupi cum avibus, columbi cum ſerpentibus.

S. 38: Non adeo ſtupidus ſum, ut nondum ſenſerim, perperam rem geri a pleriſque Curialium (ſic vocant) officiariis. Neque tam iniquus, ut omnem Rom. curiae cohortem eiusdem monetae iudicem. Cum ex illis noverim et viderim pleroſque egregiae eruditionis et integerrimae vitae viros, quibus iſta pariter ſtomachum moveant.

E 4   Libe-

Liberum itaque volo effe fcriptoribus, calamum in vitia invehendi: modo id cum fale fiat, non cum furia. — Tu autem, rebet er Luthern an, non expectas, donec Imperator, Epifcopi et principes catholici fimul cum Pontifice, mutuo confilio et auxilio de reformanda cogitent ecclefia, tam in clero quam in monachis, aut etiam laicis, tam de religione, quam de fuperftitione. Omnibus enim his modum neceffario ftatuendum et fuccurendum, ipfe plane tecum fateor.

Gegen das Ende dieser Schrift hat Emfer eine ziemlich weitläufige Nachricht von seinem Leben angehängt, und bißweilen von seinen eigenen Händeln kindisch gesprochen. Auf der Schlußseite redet er den Neminem Witebergenfem *) an: Et tibi, Nemo, quis

*) Joh. Rubeus, ein zu Leipzig studierender Franke, der sich auch Longipolitanum nannte, gab auf dritt‌halb Bogen eine wider Luthern, Melanchthon und Carlstadt sehr feindseelige Schrift heraus: Solutiones ac refponfa Wit. doctorum in publica difputatione Lipfica contra fulmina Eckiana parum profutura, tumorque adventus et humilitas eorum receffus, per Io. Rub. Longi. comparata. 4, welche in Löschers Reform. Akten, III. Th. S. 252—271 abgedruckt ist. Hierwider edirte Joh. Montanus aus Hessen, ein Wittenbergischer Privatdocent, ohne seinen Namen: Encomium Rubii Longipolli apud Lipfim, in erro-
res

quia Nullus refpondit, nec ego nunc pluribus tecum agam. Miror tamen, ubi Theologi tui tam fuperciliofe in noftrum exfpaciantur campum: cur mihi invideas, eorum fubinde intrare caftra. Define igitur tam folicitus effe litterarum ac ftudiorum meorum explorator, quae iam ab initio fuere transfultoria. Nullius enim addictus iurare in verba magiftri, quo me cunque trahit tempeftas, deferor hofpes. Sed tu haec monendo magis quam obiurgando dicere vifus es: quare ipfe quoque tibi parcam: ut mutuum muli fcabant.

Auf diefe Schrift Emfers, die man auch in Löfchers Reformat. Akten l. c. findet, antwortete Luther nicht, wozu er feine guten Gründe haben mögte; Cochläus aber fpottet nach feiner Art über dies Stillfchweigen in Vita et Act. Lutheri p. 19.

res, quos pueriliter commifit adverfus Witebergenfes. *Nemo dictavit.* Lipfi impreffit Wolfg. Monac. Anno 1519, 4. welche Piece man in E. Schlegels Leben Io. Cellarii S. 42. und im Löfcher l. c. S. 786—798 eingerückt findet. Weil Montanus unter dem Namen Nemo befonders den Joh. Cellarius empfindlich angegriffen hatte, fo nannte diefer fich Nullum Lipfienfem, und gab folgende Schrift in Druck:
Nullus Lipfienfis refpondet Nemini Witebergenfi. Lipf. apud Wolfg. Monacenfem, 4.

Zu Anfang des 1520ſten Jahres mochte ein Pas⸗
quill auf Emſern zu Gunſten Luthers gedruckt wor⸗
den ſeyn. Wider daſſelbe gab er folgende Vertheidi⸗
gung heraus:

14. Contra libellum famoſum. Iani Kalendis pro
roſtris divulgatum. Apologeticum ex tempore.
Hier. Emſer. 4. Ein Bogen, welcher einige Le⸗
bensumſtände des Verfaſſers enthält.

Als 1520 zu Rom die ungemein heftige Schrift
herauskam: Thomae Rhadini Todiſchi — ad illu-
ſtriſſ. et invictiſſ. principes et populos Germaniae
in Martinum Luterum — nationis gloriam violan-
tem Oratio. Romae. Iac. Mazochius. m. Auguſti.
1520, 4. und noch in eben dieſem Jahre zu Cöln
menſe Novembr. und zu Leipzig menſe Octobr.
in 4. auf 8 Bögen nachgedruckt wurde; ſo kam Lu⸗
ther und Melanchthon auf die Muthmaſſung, als
wäre Emſer Verfaſſer derſelbigen, und hätte ſie,
um unbekannt zu bleiben, unter frembem Namen her⸗
ausgegeben. Die Stellen in Briefen, worin ſie die⸗
ſe Meinung gegen ihre Freunde äuſerten, kann man
im Literar. Muſeum B. I. S. 156 finden. Lu⸗
ther warf es Emſern auch öffentlich in der bald
anzuführenden Schrift an den Bock zu Leipzig
vor. Dieſer aber läugnete, daß er Verfaſſer ſei,
und ſchrieb ſelbſt an den Cochläus: Sub alieno
nomi-

nomine nihil fcripfi. Neque enim adeo ignavus
fum miles, ut non aperto Marte pugnare audeam,
in re maxime tam honefta et neceſſaria. Ipſi autem mihi tribuunt libellum Thomae Placentini.
Iamque Philippus Melanchthon inexpertus rerum
et calentis animi iuvenis in me torfit refponfio-
nem fuam. *) Nachgehends erfuhr man auch, daß
Rhadinus würklich zu Rom als ein Dominikaner
gelebt und aus einer gräfl. Familie hergeſtammt habe. S. Fabricii Centifolium Luther p. 697. **)

Nachdem Luther ſein Buch an den chriſtlichen
Adel teutſcher Nation ꝛc. herausgegeben hatte,
grief ihn der ſtreitſüchtige Emſer abermahls an, und
edirte:

15.

*) Dieß iſt die feurige und beredte Apologie für Luthern,
welche unter dem Titel: Didymi Faventini adverſus
Thomas Placentinum pro Martino Luthero Theolo-
go Oratio. Wittemb. ohne Anzeige des Jahrs,
in 4. auf zehendhalb Bogen gedruckt und in dem
Literar. Muſ. am angef. Ort weitläufig recen-
ſirt worden iſt.
**) Placcius iſt alſo zu verbeſſern, wenn er in Thea-
tro Pſeudonymorum etc. n. 2261. p. 530 bloß auf
Luthers Zeugniß Emſern als Verfaſſer angiebt.
Auch Hr. D. Henke hat dieſe falſche Meinung ge-
äuſſert in dem neuerlich von ihm herausgegebenen Leben des Erasmus ꝛc. B. II. S. 331.

15: Wider das vnchristliche Buch Martini Luthers, Augustiners, an den Teutschen adel ausgangen Vorlegung Hieronymi Emsers an gemeine hochlöbliche teütsche Nation. Hüt dich, der Bock stößt dich. Leypzk. 1521, 4. Achtzehn Bogen.

Einen weitläufigen Auszug dieser Schrift liefern die Unsch. Nachr. vom J. 1720. S. 198 - 201. Wider dieselbe verfertigte Luther eine kleine Schrift: Warnung an den Bock zu Leipzig. Und wer wird nicht vermuthen, daß Emser alsobald

16. An den stier zu Wittembergk eine Antwort werde haben abgehen lassen? Sie ist in Quart auf 1 Bogen gedruckt worden, und sind davon zwo, nur wenig verschiedene Ausgaben vorhanden. Hierauf machte Luther eine etwas ausführlichere Schrift: Auf des Bock zu Leipzig, Antwort, bekannt, welchem Emser in der nämlichen Sprache antwortete:

17. Auff des stiers zu Wittenberg wiettende replica. Hierony. Emser. Addita est lima prioris libelli contra reformationem Luterianam. 4. Drei Bogen.

Luther, der nicht gewohnt war, seinen Feinden das letzte Wort zu lassen, setzte dieser Emserischen Bro-

Brochüre entgegen: Antwortt auff das vhirchristlich vhirgeystlich vnd vhirkünstlich Buch Bocks Emsers zu Leypczik. Und Emser säumte nicht weniger, seinen Gegner zu widerlegen, und ebirte

18: Quadruplica auf Luthers jüngst gethane Antwurt, seyn reformation belangend. Leypzk 1521, 4. Sieben Bogen.

S. die Unsch. Nachr. l. c. S. 202—205. Da es eine der vornehmsten Beschäftigungen Emsers in dieser Schrift war, Luthers Meinung, daß nach 1 Petr. 2, 9 alle Christen geystlich und Priester wären, zu widerlegen; so rettete der letztere seinen Satz in der kleinen Schrift: Widerspruch seines Irrthums, erzwungen durch den allergelehrtesten priester Gottes, Herrn Hier. Emser, womit er für seine Person dem Krieg mit ihm ein Ende machen wollte. Emser aber, der nicht ruhig bleiben konnte, ließ

19: Bedingung auff Luters orsten Widerspruch, welche er 1521 d. 13. Nov. in Dresden verfertigt hatte, zu Leipzig in 4 auf vier Bogen drucken.

Darin will Emser zeigen, daß er mit dem Widerspruch, d. i. Widerruf Luthers nicht zufrieden seyn könne, weil er demselben am Ende verschiedenes angeflickt habe, welches erlogen sey. — Uebrigens

gens enthält diese Emserische Schrift mehr als eine merkwürdige Aeuserung; z. E. Seite Aiib sagt er zu Luthern: "Wu du beyn reformation im anfang al-
„ leyn auff kuchin, keller, oder ander vbermessig-
„ keit der geistlichen gestellt hettest, wolt ich so baldt
„ mit dir gestymmet, vnd vleyssig darumb gebetten
„ haben, wo der Babst nit ein gemeyn concilium
„ beruffen wollt, das alßdenn der Keyser sampt den
„ Ertzbischoffen in Germanien, ad quos spectat pro-
„ vinciale congregari concilium, ein sonder lant-
„ concilium durch die gantze tewtsche nation beruffe,
„ darauff die geystlichen gevordert, und was bo
„ streflichs oder unzimlichs vnder ihnen eyngewur-
„ tzelt wer, mit gemeynem rat widerumb ausgero-
„ den, vnd den dingen allen maß gegeben wurd rc.
Hierauf führt er verschiedene Kaiser, Könige und Bischöfe an, welche zur Verbesseruug des Klerus Kirchenversammlungen angestellt haben, und zieht hieraus die Folge: "Warum sollt denn der itzige
„ Carolus nach dem Fußtrit seyner vorfaren nit auch
„ macht haben, ein solich concilium zu berufen las-
„ sen, vnd durch hilff vnd rat der Churfürsten —
„ mit den geystlichen vorschaffen, was sie an den sa-
„ tzungen, von Bepsten vnd Keisern bestetiget, seyd
„ der Zeit überschritten, — daß dasselbig widerumb
„ abgethan, vnd der alten loblichen ordnung (die
„ noch hewt bey tag zu Wirtzburg auf dem Thumb

in

„ in der Liberey ligt vnd heysset regula canonico-
„ rum) gestracks nachgegangen wurdt.

S. 4 a erklärt Emser das Wort Dämon also:
„ Ich hab schon vor dreyssig Jahren wol gewust,
„ das der tewffel darum demon, das ist so vil als
„ sciens oder wissender genennt wird daß er mher
„ yn der schrifft weyßt, dann du oder ich.„

S. B iib übersetzt er Mal. 2, 7. folgender mas-
sen: „Die Lippen des priesters bewahren die Kunst,
„ vnd auß seynem mund sollen sie erforschen das ge-
„ setz, denn er ist ein Engel der spitz des Herrn.

S. B iiij b will Emser, um das Meßlesen, die
sieben Zeiten u. d. gl. zu vertheidigen, die zu allen
Christen geredete Worte Pauli 1 Timoth. 2, 1. 2.
bloß auf die Priester einschränken: „Dieweyl, sagt
„ er, Sant Paulo wol bewust, das die Weltlichen
„ mit iren geschefften vnd hendeln belastet, des teg-
„ lichen Gebets — nit so vleyssig außwarten moch-
„ ten, als sich getzymmet, schreybt er diese wort
„ nit tzu den Leyen, sondern tzu den bischoven vnd
„ pristern, das sie solches für die gantze Christen-
„ heyt verrichten sollen.„ — Doch bekennet er bald
hernach, „daß viele Pfaffen von eyner mitternacht
„ tzu der andern, ja offt bis an den hellen lichten tag
„ sitzen, spilen vnd in sich giessen, Vnd so sie deß
„mor-

„ morgens solten auffstehen zu beten, legen sie sich
„ orst schlafen. Wie ist es dann möglich, daß sie
„ darnach mit sollen vollen kopfen was gutes bethen
„ solten. Zum andern schmeckt inen das gebeth ouch
„ darumb nit, das sie den psalter, bomit sie doch
„ teglich vmbgehen, glench so wenig verstehen, als
„ wer er Chalbeisch oder Arabisch, Wann sie aber
„ zent vnd Geld, das sie auff oberflüssig essen, trin-
„ ken, spil vnd andere vnzimliche hendel wenden, an
„ Bücher legten, koufften inn quinquagenes Augu-
„ stini vnnd ander außlegung vber den psalter, da-
„ mit si die grossen Sacrament vnd Heimlichkeit, so
„ darunter verborgen, doch ein teyl verstehen moch-
„ ten, würd in fürwar das gebet nit so schwer
„ seyn." — —

S. D i b kommt schon der blinde Köhlerglaube vor: „Dem gemeynen volck ist nit große schrifft
„ von nöten — Sie glouben was die Heilig Chri-
„ stenlich kirch glewbt, wie der kohler thet, so
„ bestehen sie todt vnnd lebend."

Auf der letzten Seite schreibt Emser: „Ob das
„ noch nit genug wär, wollen wir die Keiserliche
„ acht zhilf nehmen, vnd den Ketzer auß dem landt
„ jagen, vnd wider in seyn Vater Land gen Böhem
„ schicken, damit wir seyn loß werden mögen."

En ut ubique iaces, miserrime cataphracta. Adiuro igitur te per Christum filium dei vivi, da honorem deo et ecclesie eius sancte. *Non cupit Emser mortem tuam, sed ut convertaris ac vivas.* Vale etiam si potes. Ex Dresda Illustrissimi ac Christianissimi principis Georgii ducis Saxonie etc. inclyto domicilio. Idibus Novembribus anno MDxxi.

Emsers fernere Schriften sind

20. Antwortt auff die Warnung oder schandbuch durch vngereimpte reymen ohn eyn namen außgangen. 4. ein Bogen.

Ohne Anzeige des Verfassers, des Druckorts und des Jahrs war in 4. auf einem Bogen erschienen: Ein warnung an den Bock Emser — an deren Ende die drey Buchstaben R. S. M. stehen.

21. Verantwurttung auff das ketzerische Buch Andre Carolstats von Abthueung der bilder. Man findet ouch hierin ein wenig von beiderley gestalt des sacraments obiter. 1522. 4. Acht Bogen.

22: Io. Clerk. Pro Henrico VIII. Angliae et Franciae Rege Potentissimo fidei defensore, apud Leonem X. Pont. Max. Oratoris: in exhibitione Regii libri in Consistorio habita oratio, 1522. 4. Anderthalb Bogen.

Emser ist Herausgeber, und hat auch eine Epistel vorgesetzt; zu Ende aber auch beigefügt, was Leo auf diese Rede ohngefähr soll geantwortet haben.

23. Das man der heyligen Bilder in den Kirchen nit abthon, noch unehren soll. (1522/4)

24. Schutz und Handhabung der siben sacrament wider Mart. Luther, von dem allerunüberwintlichsten Künig — Hainrichen dem achten diß namens außgangen. 1522. 4.

Dies Buch hat Emser aus dem lateinischen übersetzt, und der Herzogin zu Sachsen Barbara zugeeignet. In der Dedication sagt er, daß unter allen, die bißher wider Luthern geschrieben, keiner es so gründlich gethan habe, als dieser König von Engelland, und daß daher der Pabst ihm nicht nur den Titel: Beschützer des Glaubens erblich beigelegt, sondern auch allen, welche seine Schrift lesen oder lesen hören würden, zehn Jahre Ablaß und so viel Quadragen ertheilet habe.

25. Ein heilsame Ermanung des Kindleins Jesu an den sünder gezogen aus Erasmo. Hier. Emser. 1522. 4. Ein Bogen elender deutscher Verse.

25. Beschawlichkeit vnd Contemplation, da‍mit sich ein Mensch die gantzen Wuchen vmb vben vnd im sein tzeit nutz machen mag. Leipz. 1522. 4. Anderthalb Bogen.

Ein Gedicht, in welchem Emser ermahnt, daß ein Mensch Sonntags an den Himmel, Montags an seinen Tod, Dienstags ans jüngste Gericht, Mitt‍wochs an die Höllenpein, Donnerstags an seine Sünden, Freitags an das Leiden Christi, und Sonnabends an Gottes Wohlthaten gedenken soll.

27. Wyder den falschgenannten Ecclesiasten vnd wahrhafftigen Ertzketzer Martinum Luther. Emser getrawe vnd nawe vor‍warnung mit bestendiger vorlegung auß be‍werter vnd canonischer Schrifft. Leyptzk, 1523, 4. auf 17 Bogen; it. Dresden 1524, 4.

Emser hat hier sein Hauptabsehen auf Luthers Bücher wider den falschgenannten geystlichen standt des Bapsts ꝛc. von dem ehelichen Wesen, von der Messe, welche er zu widerlegen bemühet ist.

28. Emsers Entschuldigung von wegen der erwirdigen Domina der Aptissin zu Nürn‍berg. Leipz. 1522, 4. Ein Bogen.

Davon ist in Emsers Lebensgeschichte geredet worden.

29. Sereniff. ac Potentiffimi Regis Angliae, Chriftianae fidei defenforis invictiffimi, ad illuftriff. ac clariffimos Saxonie principes de coercenda abigendaque Lutherana factione et Luthero ipfo. Epiftola. Item illuftriff. Principis Ducis Georgii ad eundem Regem refcriptio. Lipf. 1523, 4. Drey Bogen.

In der an Johann von Schleinitz, Bischof zu Meissen, gerichteten Zueignungsschrift nennt sich Emser Presbyterum Ecclesiae Mifnenfis.

Vom Jahr 1523 an war Emser eifrigst bemühet, Luthers Uebersetzung des neuen Testaments theils durch eine gegen sie gerichtete Kritik, theils durch eine eigene deutsche Uebersetzung, zu verdrängen. Ich ziehe hier in die Kürze, was unser berühmter Herr Schaffer Panzer in seiner vortreflich bearbeiteten Geschichte der römisch katholischen deutschen Bibelübersetzung bekannt gemacht hat, und merke zugleich an, daß er die Hofnungen des Herrn Ritters Michaelis, als ob die Kritik des N. T. aus diesen Emserischen Schriften viel gewinnen und manche neue, bisher unbekannte Lesarten schöpfen könne, gründlich widerlegt, indem er nach angestellter sorgfältigen Prüfung nicht eine einzige Stelle gefunden hat, die einen tüchtigen Beweiß abgeben könnte, daß Emser griechische Codices gebraucht

braucht habe — sein Text war keine Handschrift, sondern bloß die Vulgata.

Den Anfang machte Emser mit einigen Anmerkungen über das N. T. die er zuerst als ein eignes Werk in die Welt schickte, die aber in der Folge etlichen Ausgaben seiner Uebersetzung beigefügt wurden. Sie kamen unter folgendem Titel heraus:

30. Auß was grund vnnd vrsach Luthers Dolmatschung vber das nawe testament, dem gemeinen man billich vorbotten worden sey. *)

Am Ende der Beschlußred:

Volendet vñ geben zu Leypßgk, am 21. tag Septēbris nach Christi vnsers liebē herren geburt. 1523.

Gott sey lob ehr vnd danck ymmer vnd ewig. Amen.

Getruckt zu Leypßgk durch Wolfgang Stöckel. 4.

*) Herzog Georg ließ 1522 ein eigenes Mandat an seine Unterthanen ergehen, worinn er Luthers verdeutschtes N. T. scharf verbot. Dieses Mandat hat uns der seel. Hofmann in der Reformationsgeschichte von Leipzig S. 172 aufbehalten.

Diese äusserst seltne Originalausgabe beträgt 1 Alphabet und 17 Bogen. s. auch die Erneſtiſche theol. Bibl. B. VII. S. 177.

Die zwote Ausgabe, die noch vor der Ueberſetzung des N. T. erſchienen iſt, hat folgenden Titel:

Annotationes Hieronymi Emſers ober Luthers naw Teſtament gebeßert vnd emendirt. Dreſden. M. D. XXIIII. 8.

Sie beträgt 36 Bogen und 6 Blätter, und iſt, wie die vorhergehende, von Hrn. Panzer theils litterariſch, theils nach ihrem innern Gehalte S. 16–30 ſehr vollſtändig beſchrieben worden. Luther gab auf dieſelben keine Antwort, ſchrieb vielmehr an Hausmann (Tom. II. Epp. 204 b: Emſero nihil eſt reſpondendum, nützte aber in der Folge, wie billig, einige gegründete Anmerkungen Emſers, und ward von Urb. Regius in einer kleinen, itzo gar ſeltnen Schrift: Ob das new Teſtament yetz recht verteutſcht ſey, 1524. 4. und 1525. 8. (von welcher Herr Gieſe in der Nachricht von Luthers Bibelüberſetzung S. 136 f. einen Auszug gegeben hat) vertheidigt. Die verſchiedenen Ausgaben des Emſeriſchen N. T. will ich unten bey dem Jahr 1527 anzeigen.

31. Hier. Emßers Sermon am tag des heil. Hieronymi, nächst vorschinen zu Leypßgk geprediget. Daselbst, 1523 4. Zween Bogen.

Ulrich Zwingli hatte 1523 Epichiresin de canone Missae herausgegeben. Darüber schüttete Emser seinen Geifer aus, und mißhandelte Zwingli'n auf das abscheulichste in.

32. Canonis missae contra Huldricum Zwinglium defensio. M DXXIIII. Dresd. 4. Acht Bogen.

Einer andern Ausgabe von eben diesem Jahr, aber ohne Meldung des Druckorts, der vermuthlich Straßburg ist, gedenket Hr. von Riegger in Amoenit. litter. Friburgens. Fascic. III. S. 541 f. wo er auch den sanften und höflichen Brief Jak. Wimphelings an Luthern und Zwingli'n, welchen er dieser Emserischen Schrift vorgesetzt hat, mit einrückt. Zwingli blieb nicht still. Er edirte zu Zürich: Adversus Hier. Emserum Canonis Missae adsertorem Antibolon. 1524. 4. Von dieser nicht unwichtigen Schrift ist eine doppelte deutsche Uebersetzung vorhanden: Eyn gegenwurf und widerweer - wider Hier. Emsers, des Canons in der Mäß beschirmen. Zürch 1525. 6. Achthalb Bogen. Und: Antwort wider Hier. Emser den schutzherren des Canons oder Stillmeß. 1525. 4. Fünf und drey viertels Bogen. Luthern, der

1523 de formula Missae et Communionis geschrieben hatte, ward von dem unermüdeten Emser

33. Missae Christianorum contra Luteranam missandi formulam assertio, Dresd. 1524. 4. auf sechstehalb Bogen entgegen gesetzt, welche nebst der Num. 31 angezeigten Schrift 1532. Coloniae apud Io. Gymnicum in Oktav wieder aufgelegt worden ist.

Ich habe schon erinnert, daß die Bulle der Kanonisation des h. Benno im J. 1523 feyerlich bekannt gemacht worden. Die Seeligsprechung dieses Bischofs, welcher 1197 im 96sten Jahr seines Alters starb, war damahls desto unerwarteter, als bereits schon in einigen Ländern eine Kirchenverbesserung angefangen war, und man überhaupt in Deutschland aufgeklärter dachte und freyer schrieb, und da vom Pabst Hadrian VI. in der Bulle keine andere Verdienste konnten angeführt werden, als daß Benno ein eifriger Anhänger des (berüchtigten) Gregors VII. war, dessen rechtswidrige Handlungen selbst von röm. katholischen Schriftstellern nicht selten getadelt worden sind. Diese Seeligsprechung gab nun Luthern Anlaß, die Schrift zu verfertigen: Wider den newen abgot vnd alten teuffel, der zu Meyssen soll erhaben werden, in welcher er unter andern sagt: „Die wahre Erhebung der Hei-
„ligen

„ ligen ist, wenn man armen Christen behelflich ist,
„ und sich ihrer Nothdurft annimmt. Die Seelig-
„ sprechung des Benno habe bereits grosse Sum-
„ men gekostet, und werde noch mehrere kosten, die
„ vor Gott gänzlich verlohren seyen, da man hin-
„ gegen vielen rechten Heiligen damit hätte dienen
„ können, wenn man sich über kranke und dürftige
„ Christen erbarmet hätte ꝛc. „ Wars wohl zu vermuthen, daß Emser, der sich um Benno's Kanonisation seit 1505 bemühet hatte, zu dieser Schrift
Luthers stillschweigen würde? Er edirte

34. **Antwurt auff das lesterliche Buch wider Bischoff Benno zu Meissen vnd erhebung der heyligen jungst ausgangen.** Emßer. Dresden 1524, und Leipzig in eben diesem Jahr, beidemahl in 4. Fünf Bogen.

35. *Ambrosii Catharini* olim *Lancinoti*, contra Mart. Lutherum super his verbis: Tu es Petrus etc. Dialogus.

Roffensis Episcopi loca quaedam, quibus predictam auctoritatem cum duabus aliis Matthaei scil. XVIII. et Ioannis X. eiusdem monetae, sed non eiusdem valoris comparat. 1524. 4. Vier Bogen.

Emser hat diese beide Schriften, davon die letzte nur ein Auszug aus einem weitläufigen Buche des

Bischofs von Rochester, Johann Fischers, ist, zusammen drucken lassen, und eine Zueignungsschrift an Paul. Amnicola, Abt zu Alten Zell, der so wie er, ein Feind Luthers war, vorgesetzt. S. *Fabricii* Centifol. Luth. T. II. p. 727.

36. Die vom Des. Erasmus wider Luthern mit vieler Gründlichkeit und Mäßigung abgefaßte Streitschrift: de libero arbitrio Diatribe, sive Collatio, Colon. 1524. 8. wurde in eben diesem Jahr auch deutsch herausgegeben. Und diese Uebersetzung verfertigten Cochläus und Emser gemeinschaftlich. Das erzählt jener selbst in der Historie M. Lutheri S. 311. Man sehe auch Seckendorfs Hist. Luther. L. I. S. 63. p. 307. und das Leben des Erasmus von Rotterdam von Burigny und Henke, Th. II. S. 107.

37. Ein Missive oder Sendbriefe Hier. Emser an Nicol. Haußmann, Pfarrern zu Zwickau. 1525. 4. Zween Bogen.

Emser giebt sich in diesem Brief alle Mühe, den erleuchteten Haußmann, den man aus Seckendorfs Geschichte des Luberth. S. 429. 452. 535. 1208. kennen lernt, von Luthers Lehre abzuziehen; wodurch er aber nichts ausgerichtet hat.

38.

38. *Hier. Emseri Presbyteri* Apologeticon in Vdalrici Zwinglii Antibulon. 1525. 4. Drey Bogen.

Zwingli hatte wider die Num. 32 angezeigte Schrift eine Vertheidigung unter dem Titel: Antibolon herausgegeben, welche Emser hier zu widerlegen strebet. Siehe Senfs Reformat. geschichte von Stolpen S. 72.

39. Wyder der zweier Proebst zu Nürmberg Falsche grund vnd vrsachen, Warumb sie die heyligen Meß vnd andere christliche stuck vnd Cerimonien geendert vnd zum teyl gar abgethan haben. Emser. Ohne Meldung des Druckorts, 7 Bogen in Quart.

Es war nicht wundern, daß die von Georg Peßler und Hector Poemer verfaßte sehr gründliche und h. z. T. seltne Schrift: Grund vnd vrsach aus der heil. Schrift, wie vnd warum die Ehrwürdigen Herren baider Pfarrkirchen Sant Sebaldt vnd St. Laurenzen Pröbst zu Nürmberg die Mißbräuch bey der heyl. Meß, Jartäg, geweiht Salz vnd Wasser, samt ettlichen andern Ceremonien abgestellt, unterlassen vnd geändert haben, *) Emsern eben so anstößig

*) Die Originalausgabe erschien 1524. in Quart zu Nürnberg; sie ist allba in eben diesem Jahr in Octav, und 1525 zu Wittenberg in Oct. nachgedruckt worden.

stößig war, als seinem würdigen Gesellen, dem Minoriten Casp. Schatzgeyern, der sie mit gleicher Hitze, aber auch mit gleich stumpfen Waffen anfiel, wie Emser.

In der Vorrede an Georg Besler und Hector Pömer sagt er: „Es ist mein meynung nit,
„ euch auff all ewer vnnutze verworrene vnd zum
„ teyl grob vnd pawrenstolze wort vnd schmehungen
„ zu antworten, Sonder biewenl ir meyne zwen
„ argument wider Luthers Messe, namlich von
„ dem priesterthumb Melchisedech, vnd der prophe-
„ zen Malachie, damit ich beweyst hab, daß die
„ Meß ein opffer sey, sonderllch fürgenommen und
„ getadelt habt, Will ich auch fürnehmlich euch al-
„ leyn von der Meß antwortten, meyn itzgemelte
„ argument bevestigen, ewer vngegrundte grund vnd
„ vrsachen zubrechen, und nochmaln bedawren, (be-
„ weisen) das die Meß ein opffer sey.„ In der Schrift selbst führt er die Sätze der beiden Pröbste einen nach dem andern an, und sucht, sie zu widerlegen. Zur Probe wollen wir Einiges ausheben. Die Pröbste schrieben: „Es ist ye gewiß, daß die
„ Meß (d. i. das heylige Abendmahl) keynen
„ andern ding soll dinen, vnnd keyn andere frucht
„ wirken mag, denn dartzu sie Christus vnser Herr
„ selbs geordnet vnd eynigesetzt hat. Et infra. So
„ wir dann Gotts wort, damit die meß ist eingesetzt,
„ besehen

„ besehen wöllen, finden wir, daß sie alleyn den
„ glauben an Christum zu stercken eyngesetzt ist,
„ auff daß er vnverhindert sein frucht, die Christli-
„ che lieb, in allweg bringen mög.„ Diesen vortreflichen Grundsatz sucht Emser durch folgende Ge-
genred zu entkräften: „Wiewol ir hie die vier
„ Evangelisten all herfür ziehet, vnd über dz ouch
„ die wort Pauli, Wie Christus die messe eyngesetzt
„ hab. So spricht doch keyner, daß er die eynge-
„ setzt hat zu sterck des gloubens, sondern zu seyner
„ gedechtniß. Dartzu so ist die Christliche liebe nit
„ ein frucht des gloubens, wie jr fürgebet, Sondern
„ sie sint beyde, namlich der gloub vnd die Liebe,
„ Frucht des Geistes — Im Fall aber, daß die
„ Meß gleych eyngesetzt wer zu sterck des gloubens.
„ So schwechen die Ding, so in der meß geschcen,
„ gesungen vnd gelesen werden, den glouben ouch
„ nicht, sondern sterckenn yne mher, vnd ist das
„ Credo darumb mitten yn die meß verordnet ꝛc.

Uebrigens siehe Hrn. Prof. Will Nürnb. Gelehrt. Lexik. in den Artikeln: Georg Besler —
Hect. Pömer - Casp. Schatzgeyer.

40: Epithalamia *Martini Lutheri* Vuittenbergensis
et *Ioannis Hessi* Vratislaviensis, ad id genus nu-
ptiarum. 4. Ein Bogen.

Coch-

Cochläus eignet diese bittre Schrift Emsern zu in der Historie Mart. Lutheri S. 255, und führt einige Strophen aus derselbigen an, die ich hieher verpflanzen will, um die Leser den Ton hören zu lassen, aus welchem dies Brautlied angestimmet worden. Emser läßt nämlich die Lutherschen also reden:

His magistris licet nobis omne nephas, licet pro-
   bis omnibus obstrepere.
                              Cum Iubilo.
Conculcare iura, leges: infamare licet Reges, Pa-
   pamque cum Caesare.
                              Cum Iubilo.
Sed et ipsos irridemus Christi Sanctos, et delemus
   eorum imagines.
                              Cum Iubilo.
At Priapum Lampsacenum veneremur et Silenum,
   Bacchumque cum Venere.
                              Cum Iubilo.
Hi sunt veteres Coloni, nostri ordinis patroni,
   quibus ille militat.
                              Cum Iubilo.
Septa claustri dissipamus, sacra vasa compilamus,
   sumptus unde suppetat.
                              Cum Iubilo.
I Cuculla, vale Cappa, vale Prior, Custos, Abba,
   cum obedientia.
                              Cum Iubilo.
                                          Ite

Ite vota, preces, horae, vale timor cum pudore, vale confcientia.
Cum Iubilo.

Io. Io. Io. Io. Gaudeamus cum Iubilo, dulces Lutheriaci.
Cum Iubilo.

Cochläi Ueberſetzung iſt folgende:

Bey dieſen Meiſtern iſt vns frey
Erlaubt Schalkheit vnd Büberey,
Vnbilligkeit zu üben groß
Gegen den Frommen ohne maß.
Mit ſchalle.

Recht Gſatz und Tugent wirdt vernicht,
Bey vns vil falſcher Lugen gedicht,
Wyder den Bapſt vnd Keyſer gleich,
Auch König und Fürſten ohne ſcheuh.
Mit ſchalle.

Dabey wir es nicht laſſen bleiben,
Den Spot wir mit den Heiligen treiben,
Wie auch an ihren Bilden loß,
Mit reiſſen, prechen klein vnd groß.
Mit ſchalle.

Bachum vnd Venerem ſein Weib,
Alſo die Frucht auß jrem Leib,
Zu Lampſacen wir ehren hoch,
Mit ſampt Sylen dem alten Gauch.
Mit ſchalle.

All diesen alten Colonen,
Vnsern geliebten Patronen,
Zu dienen haben wir geschworn,
Allweil wir seyn in ihren orden.
Mit schalle.

Kirchen vnd Clöster zstören wir,
Kelch, Monstranz vnd heilig Geschirr
Rauben vnd tragen wir davon,
Daß wir hernach zu leben han.
Mit schalle.

Fahr hin Kutt, Kapp, Prior vnd Abt,
Sambt Ghorsam, so wir habn gelobt,
Fahr hin Forcht, Scham, Gelübt vnd Gebett,
Böß Gwissen vns ietz nichts angeht.
Mit schalle.

41: **Auff Luthers Grewl wider die heilige Stillmeß. Antwort.** Item, wie, wo vnd mit wolchen Worten Luther in seyn Buchern zur auffrur ermandt, geschrieben vnd getrieben hat. 1525. 4. Sechs Bogen.

42: **Der Bock tritt frey auff diesen plan Hat wyder Ehren nye gethan.** 1525. 4.

Ein Bogen voll Schmähungen wider Luthern, dem nach nunmehr geendigtem Bauernkrieg Schuld gegeben wird, er sey der vornehmste Urheber desselben gewesen. Indessen wird Emser auch hier ein
Zeuge

Zeuge der Wahrheit, da er von der Nothwendigkeit einer Reformation so redet:

> Wir hon zu weit hinüber gbauen
> Beyde die Mann und auch die Frauen,
> Geystlich vnd weltlich, arm vnd reich,
> Edel, vnedel, allzugleich,
> Keiner sein Stand hat ghalten recht,
> Gott sehr erzörnet vnd verschmeht,
> Ein guten Schilling wohl verschuldt.
>
> Wir müssen all zugleich bezahlen,
> Und trinken aus des Zornes Schaalen,
> Davon Johannes hat geschrieben.

S. *Fabricii Centifol. Luther.* p. 322. und die Unsch. Nachr. von 1717. S. 722.

43: Epistola gratulatoria *Pauli Amnicole*, Abbatis Cellensis, ad illustriss. principem Georgium Ducem Saxonie etc. Ex Thuringia revertentem. MDXXV. 8. Ein halber Bogen.

Emser hat diesen Brief herausgegeben und eine Dedication an den oben erwähnten D. Joh. Jack vorgesetzt.

44: **Aynung vnd vorbündtniß etzlicher großmechtigen Fürsten vnd Herren geistlichen vnd weltlichen wyder Martin Luther vnd seyn nachvolger.** 4. Anderthalb Bogen.

Der Anfang dieser Piece ist: Von Gottes Gnaden wir Ferdinandus bey K. M. im Römischen Reich und Statthalter, Printz und Infant yn Hispanien ꝛc. *) Emser hat zu Ende nur eine Seite deutsche Reime beygefügt, darin er klagt, es sey nun fast zu spät, sich Luthern zu widersetzen, weil sich seine Lehre schon zu sehr ausgebreitet hätte.

45: Des Königs Heinrici VIII. von Engelland an Lutherum geschriebener Brief, und dessen darauf gegebene Antwort. 1527. 4.

Luther hatte auf des Königs Adsertio septem sacramentorum contra Lutherum eine gründliche, aber auch überaus heftige Antwort geschrieben, welche 1522 deutsch und lateinisch zu Wittenberg gedruckt worden. Seine Freunde, unzufrieden über seine Härte, beredeten ihn, daß er ein sehr demüthiges Schreiben an den König drucken ließ. Allein es erfolgte von demselben eine beisende Antwort; welche beyde Schreiben Emser hier ins Deutsche übersetzte. Luther glaubte, man messe ihm bey, er habe einen Widerruf seiner Lehre zu thun versprochen, da er sich doch bloß erboten hatte, das, was der Person und dem Respecte gegen den König zuwider seyn sollte, zurück zu nehmen; und ward dadurch bewogen, eine neue Schrift wider Emsers

*) S. Raupachs Erläut. Evang. Oesterreich Vorrede S. XXIV-XXIX.

Emsers Uebersetzung zu verfertigen, und mit der Aufschrift: Auf des Königs in Engelland Lästerschrift Titel, Mart. Luthers Antwort, zu Wittenberg. 1527. in Quart drucken zu lassen. (S. *Fabricii* Centifol. p. 561.) Wider diese Schrift trat nun Emser hervor, und edirte mit seinem Namen:

46: Bekenntniß, daß er den Tittel auff Luthers sendbrieff an den König zu Engelland gemacht, vnnd das ym Luther den verkert vnd zu mild gedewt hat. 1527.

Vier Blätter in Quart, welche im 2ten Bande von Riederers Nachrichten S. 85–90 ganz eingerückt sind.

Emser mochte wohl geglaubt haben, daß seine Annotationen über Luthers verdeutschtes Neues Testament dasselbe von Stund anverdrängen würden. Allein, seine Erwartung schlug fehl. Luthers Uebersetzung ward mit größter Begierde gleichsam verschlungen, an verschiedenen Orten nachgedruckt, *) und überall frey verkauft. Um dies vermeintliche Uebel zu hindern, und den Leuten ein bewährtes

*) S. Hrn. Schaffer Panzers: Entwurf einer vollständigen Geschichte der deutschen Bibelübersetzung D. Mart. Luthers. Nürnb. 1783. 8.

Gegengift in die Hände zu geben, bewog der gegen Luthern so feindseelig gesinnte Herzog Georg zu Sachsen seinen Liebling Emsern, eine andere Uebersetzung zu verfertigen. Dieser unterzog sich dem Geschäfte, nd lieferte:

47: Das naw testament nach lawt der Christlichen Kirchen bewerten text, corrigirt, vnd widerumb zu recht gebracht. m. d. xxviii. Folio.

Von dieser höchst seltnen Originalausgabe und ihrer innern und äussern Beschaffenheit handelt Herr Panzer in der schon angeführten Geschichte der röm. katholischen deutschen Bibelübersetzung S. 34–47. und beweiset augenscheinlich, daß Emsers Uebersetzung im Grunde nichts anders, als Luthers Version ist, die nur hin und wieder nach der Vulgata verändert worden. Man erkannte das auch schon bald nach ihrer Erscheinung. Luther selbst sagt es in einer Stelle, die in seinen Werken Th. XIX. S. 592 (der Walchischen Ausgabe) nachgelesen werden kann; und in des biedern Alex. Alesius 1533. 8. s. l. gedruckten Responsio ad Cochlei calumnias finde ich Seite D ii folgendes: *Emserus*, cum primum velut criticus censuram edidisset in versionem Lutheri, postea factus est *plagiarius*. Nam *paucissimis verbis mutatis, pro sua versionem Lutheri ri edidit*, nec in Lutheri verſione notavit locum ullum, in quo candidus lector iudicare poſſet, Lutherum voluiſſe indoctis inſidiari.

Indeſſen erfolgten von dieſer Emſeriſchen Ueberſetzung des N. T. häufige, bald mehr, bald weniger veränderte Auflagen, die ich nur kurz anzeigen will:

1528. zu Leypzick durch Valten Schuman. 8.

1528. zu Cölln bey Peter Quentel. 8.

1529. ohne Ort und Drucker, aber vermuthlich zu Cölln. 8.

1529. zu Leypzick durch Valten Schuman. 8.

1529. zu Cöllen durch Heronem Suchs. Folio.

1530. zu Roſtock, 8.

1532. zu Tübingen in Pet. Quentels Verlag. Fol.

1534. zu Freyburg im Breisgau. 8.

1535. eben daſelbſt. 8.

1539. und 1551. allda; beidemal in 8.

1571. zu Neyß. 8.

Von 1573 biß 1734 ist sie zu Cölln 12mal, und in dem gegenwärtigen Jahrhundert zu Sulzbach und einigemale zu Nürnberg gedruckt worden.

Noch muß ich anführen, daß das von Kaiser Karln V. 1521 zu Worms bekannt gemachte Mandat wegen Verbrennung lutherischer Bücher von Emsern mit einer Vorrede herausgegeben worden seyn soll. Aber ich habe nur einen einzigen Gewährsmann, nämlich den seel. Raupach. Dieser schreibt in seinem Evangelischen Oesterreich S. 11. Not. b: Edictum hoc editum exstat, cum praefatione *Hieronymi Emseri*, Presbyteri, ad *Vdalricum Rulein de Calva*, Civitatis Friburgensis Physicum.

Die Schilderung, welche *Henning Pyrgallus* Hildesianus, ein katholischer Gelehrter, den man in Jöchers Gelehrt. Lexikon vergeblich sucht, in seinem Encomio aliquot virorum illustrium, hac lugubri tempestate catholicas veritates asserentium, Lipf. 1539, 8. von Emsern gemacht hat, wird vielleicht hier nicht am unrechten Orte stehen:

Emserus curas has ad quoque venit acerbas,
   Malleus haeretici qui fuit usque mali;
Testamentum enim traduxit ille novellum
   Vulgari eloquio, subdola verba notans

Pseudigraphi, blandis qui captat vocibus aures,
  Mentibus ut castis impofuiffe queat.
Afferuit facrae fimulac myfteria Miffae,
  Profuit ac variis erudiendo modis;
Nec gravibus morbis affectus defiit unquam
  Conari, donec inftitit hora necis.
Haec calamum eripuit manibus, viresque re-
            preffit.
O mors! imperii ferrea iura tui!

Den letzten Platz in dieser Nachricht soll
die oben angeführte Warnung an den Bock
Emser, als eine Probe der damahligen
Dichtungsart, einnehmen.

Bock Emser hat, wie ich bericht,
 Ein Fastnachtspiel new angericht.
Sich in fremd claydung angethan,
 Damit getretten auff den plahn,
Ein blosses schwerdt vnd langen spyes,
Ein degen kurtz, hört on vordries,
Mit blossem Haupt vnd nackter Brust,
 Gleich als nach schlegen ihn gelust,
Will greiffen an den kyrisser,
 Den khünen heldt Martin Luther,
Fechtens mit im sich vnterwindt,
 Schleht umb sich recht, wie thut der Blindt,
Dem nach der saw zu schlahn ist gach,
 Dem blossen gschray henget er nach,
Laurt ap (ob) er die mög treffen,
 Zeuhet zum schlag der blinde knecht,
Schleht dar, verhofft zu treffen wol,
 Triefft wie ein blinder treffen soll

Beid

Beib in a .. an schlof. also Emser thut,
  Den durstet vest nach Luthers blut,
Nach aigner ehr, zeitlichem rhum,
  Ap im mocht werden reiche pfrun, (Pfründe)
Der Bock steht allweg fornen an
  Auf sein Buch, darmit seh jederman,
Das neulich hat geräpnt gar sehr,
  Wie wist man sunst, wer Emser wehr.
Auß neybt hat ers gefangen an,
  Der sein gesicht nit bergen kan.
Noch darf er schweren dapffer frey,
  Das er eyn priester gottes sey,
Bewegt auß Christenlicher brew
  Zu dempfen Luthers lehr: die nendt er new,
Bekennt doch selbest, eß sey die schriefft,
  Ich mayn, er sey so gantz vorgiefft,
Das ym schwerlich zu helffen sey
  Mit eim pfundt nißwurtz oder drey.
So bald er dritt hin in den plahn,
  Das schwerdt zu den feusten nimpt der man,
Darmit zu hauen ein parat,
  Hoch einher in der Luffte gaht.
Seht wunder wie geschicht im uhu
  Groß vnglück steht dem fechter zu.
Das schwerdt empfellt im auß der handt
  Das ers biß heut nit wider fandt.

Jm gſchiht recht wie dem Eſel ainſt,
  Do er die Harpf wollt allermainnſt
Hŏfflich zwicken, zu machen luſt,
  Die harpff zerprach, ſprechen ich muß,
Das ich von Emſer all mein tag.
  Mit ernſt nie hab gehort die ſag,
Das Emſer ſey Theologus,
  Aber (oder) berůmpt Philoſophus.
Die warheit ſo ichs ſagen ſoll
  Hab ich gehört faſt vberall,
Bock Emſer ſey ein verſifex,
  Wiß etwas ſeuberlichs geſchwetz,
Wol man jetz ſagt, im geſcheh nit recht
  Daran, ſein thuen ſey nit gantz ſchlecht,
Geiſtlicher recht Licenciat,
  Den grad zu Liptzick genommen hat.
Gaiß vnd Bock ghŏrt in einen ſtall,
  Arſtultus dartzu kommen ſol.
Daraus ſo wirt ein recht geſindt,
  Mich wundert, Emſer ſey ſo blindt,
Daß er ſich dieſer ſachen annimmpt
  Darin er weyß ſo vil als ein kindt.
Noch eins ich euch hie ſagen ſol
  Die zeyt die iſt der liſt ſo voL.
Die hohen eſth (Aeſte) mus ſie las ſtan,
  Daran ſie nichte gehaben kan,

Zwackt

Zwackt vnter sich die Bäumlein schwach,
    Darmit so hat sie gut gemach.
Als Emser thut, nhu merckt mich, wie
    Der Baumen vil siehet er hie
Auffs allerlustigst stehen gepflantzt
    In Luthers gart, darumb er dantzt,
Recht wie die katz thut vmb den Brey,
    Wär im (Ihm) gern zu, bedunckt, er sey
Zu heyß, also Bock Emser thut,
    Lest sich dunken, die sach sey gut,
Luthers Bücher darin er kunst
    Und schriefft hat, die seindt im vmbsunst,
Solch Büchlein lest er vber drab,
    Seindt im zu scharff, Dank hab der knab.
Ein niederig Bäumlein fand er ston
    Gepflantzt an deutsche Nation,
One besonder schriefft vnd grosse kunst
    Viel trewes raths nach rechter gunst.
Erst dacht der Bock, ist gut für dich,
    Hie wiltu thuen ein rechten stich,
Dem mönch kauffen ein gute kap,
    Hasts wol troffen, du lieber lap.
Viel wegerer (besser) dir wär gewest,
    Du werest pliben in deim nest,
Ein verslein oder vier geschmidt,
    Deiner Musen daheim gehüt.

Fort

Fort muß ich sag, ee dan ich beschließ,
Lieber Bock laß dichs nit vordrieß,
Ein schwank, der ist gantz lecherlich,
Wie wol der nit fast ist für dich.
Man sagt wie wol, du seyst ein Rab,
Doch habst du angelegt ein pfab,
Prangst einher vnter frembder waht, *).
Darmit man sag. nu seht wie hat
Der Emser ein gelarter man
Gros mühe vnd arbeit müssen han,
Ein solch groß Buch zusammen pracht,
Wird han gewacht viel manche nacht,
Gleich wie der Murnar **) dein gespahn
Fürwahr yr seyt tzween dapffer man.
Doch hintter sich du merkst mich wol
Als der Bawer sein spieß dragen sol.
Du hast vil dapffer Argument,
Dartzu vil Veter drein gemengt,
Schreybest dir das tzu, vnd suchst dein ehr
Wie dan sagt clar deyn aygen lehr,

Vnd

*) Das Emsern hier vorgeworfene Plagium soll derselbe in der Num. 15 angezeigten Schrift: Wider das unchristliche Buch ꝛc. begangen haben.

**) Von dieses Thom. Murners Leben und Schriften habe ich 1775 eine eigne Abhandlung von 7 Bogen in 8. zu Nürnberg herausgegeben.

Vnd waiſts doch anderſt, das es wol
 Vor hundert iaren gemacht ſeyn ſol,
Forchſt nit das man den Raben kennt,
 So von ym genommen wirdt behendt
Die frembde wacht, das pfawen klaydt,
 Geſchiht es dir, wem wer das laydt?
All glatte Deutſcher Nation
 Treiben auß dir viel ſpot vnd hoen,
Desgleich all die gern lebten recht
 Wie leben ſol ein gottesknecht
Nach Chriſtus wort vnd ſein gebot
 Das vns Sant Paul geprebigt hat
Hindanſetzen der menſchen gedicht
 Welch gantz auff gelbt vnd geitz ſein gricht,
Wie Luther vns ietz lernen thut
 Gott halt in ſtetß in ſeyner hut.
Darum radt ich, wolſt folgen mir,
 Kere vm Bock: wirt gedeyen dir
Zum beſten. glaub du mir fürwar.
Las ab. Du wirdeſt ſunſt gewar
Ehlangſt. Das hart vnd biter ſey
 Wider ein pfriemen ſchlahen frey.

All Welt durſt ietz nach Gotes wordt
  Wie man das merket hie vnd dort.
Darumb weych ab du Satanas,
  Gib Chriſto ſtatt. darmit wir das
Sein lehr empfangen on gevahr
  Die itzt lang tzeyt ſchier niemands gdar (darf)
Bekennen frey, wie die ſelb laut,
  Das macht, wir forchten vnſer haut,
Beſorgen auch der pfenning werd vns mehr
  Nit bringen dieſe Chriſtlich lehr
Hilfft nit. Satan nhu weich behendt,
  Es iſt itzt auß deyn regiment.

K. S. M.